U0741032

今天作业完成早

从拖拉到高效 7招让孩子轻松自主写作业

别人家的毛毛妈◎著

人民邮电出版社
北京

图书在版编目（CIP）数据

今天作业完成早 ：从拖拉到高效，7 招让孩子轻松自主写作业 / 别人家的毛毛妈著. -- 北京 ：人民邮电出版社，2025. -- ISBN 978-7-115-66966-7

Ⅰ. G791；G78

中国国家版本馆 CIP 数据核字第 2025L061Y7 号

内 容 提 要

对大部分家长来说，“要不要陪孩子写作业”是一个两难的选择。不陪，孩子很可能遇到困难；陪，也未必就能有效提升孩子的学习效率。只要稍不注意，“辅导”就会变成“争吵”和“训斥”，让家里“鸡飞狗跳”。

如何能让孩子摆脱“作业拖延症”，轻松学习，实现“今天作业完成早”的快乐？笔者专门编写了这本书，详细讲解家长应该如何陪孩子高效地写作业。

本书将教你避开6类辅导雷区，拆解4大作业核心环节，从准备、进行到答疑、改错全流程指导，不仅提供30余个作业技巧，还有语数英三大学科定制辅导方案。本书将层层剖析孩子作业难题的真实成因，针对孩子写作业困难的各类场景，提供科学实用的解决策略，助你告别“作业战场”，将陪伴转化为孩子主动学习的动力，让写作业成为亲子共同成长的温馨时光，轻松化解作业矛盾，重拾教育幸福感。

◆ 著　　　　别人家的毛毛妈
　责任编辑　徐竞然
　责任印制　周昇亮

◆ 人民邮电出版社出版发行　　北京市丰台区成寿寺路 11 号
　邮编　100164　　电子邮件　315@ptpress.com.cn
　网址　https://www.ptpress.com.cn
　优奇仕印刷河北有限公司印刷

◆ 开本：880×1230　1/32
　印张：6.5　　　　2025 年 7 月第 1 版
　字数：131 千字　　2025 年 7 月河北第 1 次印刷

定价：49.80 元

读者服务热线：(010)81055296　印装质量热线：(010)81055316
反盗版热线：(010)81055315

前言

不写作业，母慈子孝，又搂又抱；一写作业，鸡飞狗跳，嗷嗷直叫。

上一秒，母子连心；下一秒，火气骤冒。

分分钟爆发河东狮吼，

被亲生的娃气出内伤，

一秒钟亲妈变后妈。

以上都是家长陪孩子写作业时萌生的各种感受。这些表达看似夸张，却真实地反映了家长们的心声。

到底要不要陪孩子写作业？这个问题令大部分家长感到困惑。如果不陪，孩子学得不好，家长该怎么办？如果陪，面对孩子的各种问题，家长又该怎么办？

1. 如果不陪孩子写作业

有的家长工作非常忙，经常加班或者出差；有的家长自身能力不足，看不懂课本；有的家长无欲无求，一切随缘……总之，出于各种原因，这些家长都选择不陪孩子写作业。他们的理念是：给孩子更多的自主权，让他们进行自我管理。

然而，现实是残酷的。虽然自驱力高且热爱学习的孩子一定是存在的，但过去这些年，我一直在做家长成长营，接触过来自全国各地的几千位家长。我发现，如果没有家长的监管，大部分孩子是无法靠自身的力量顺利完成学习任务的。一旦孩子跟不上学校的学习进度，就会逐渐拉大与其他同学的差距。这种差距会给孩子带来极大的痛苦。

陪孩子写作业是家长参与孩子教育的一个重要环节。作业可以帮助孩子查漏补缺，巩固所学的知识。尤其是在小学和初中阶段，孩子的大部分作业都是在家里完成的。如果家长不陪孩子写作业，很可能错失了帮助孩子的关键机会。

2. 陪孩子写作业，家长面临的困惑

出于对孩子学业的重视，大部分家长都选择陪孩子写作业。然而他们会发现，这并不是一件轻松的事情。首先，孩子们的作业并没有我们想象得那么简单。许多家长在面对小学三年级的题目时，就已经开始感到困惑，找不到解题思路了。其次，即使是自己会做的题目，很多家长也很难给孩子讲明白。最后，许多在生活方面非常配合家长的孩子并不愿意在学习上配合，甚至会反抗家长提出的学习方案。

面对似曾相识的题目，面对一脸茫然甚至是唱对台戏的孩子，很多家长开始困惑：这是自己不行了，自己本来水平就不够，还是孩子的学习能力有问题？到了这个地步，到底还要不要坚持？如果要坚持，自己又该怎么调整呢？

3. 本书要解决的问题

在开设家长成长营的这些年里，我一直在关注和研究这些问题，收集和归纳孩子们的各种表现，并通过查阅大量心理学、教育学以及生理学的专著和论文来分析这些表象背后的原因。最后我发现，这些问题无法通过几篇简短的文章解释清楚，所以撰写了这本书。

首先，本书阐述了一个重要观点，即“陪孩子写作业”是一个综合性问题。它不光与孩子有关，与家长也有着密切的关系。举例来说，有些家长试图通过大声呵斥来催促孩子快速完成作业，结果孩子越写越慢。本书将纠正家长在辅导孩子写作业过程中所犯的各种错误，并详细讲解家长应如何通过自己的言行来积极有效地影响孩子。

其次，写作业问题不仅涉及常规的学习认知，还与孩子的情绪、动机和生理等各个方面密切相关。例如，孩子会因为我们直接指出他的错误而产生自身能力不足的挫败感，进而不愿意改正错误。鉴于此，本书对孩子在不同问题的各种表现进行了分析，帮助家长找出背后的原因，并给出相应的解决方法。

最后，孩子在不同学科的作业中会出现一些特有的问题。例如，在英语科目中，孩子会出现词组搭配不当的问题；在数学科目中，孩子会出现搞不定图形题的问题；在语文科目中，孩子会出现没有写作素材的问题。本书专门用一章来讲解这类问题。

4. 本书包含的内容

本书分为 7 章，涵盖了家长陪孩子写作业的四个阶段。每个阶段所对应的章节和内容如下。

- 准备阶段，即孩子写作业之前的阶段，对应第 1 章和第 2 章。其中，第 1 章讲解家长自身的常见问题，包括基本的认知错误和行为错误。虽然这些问题的根源在家长身上，却会引发孩子出现各种问题。第 2 章讲解孩子表现出的各种问题。例如，孩子磨磨蹭蹭不想写作业、忘记写作业、要求妈妈必须陪在身边才能写作业等。
- 进行阶段，即从孩子开始写作业到完成作业的阶段，对应第 3 章。本章讲解孩子在写作业的过程中表现出的各种问题，例如，家长反馈最多的注意力不集中、不愿意写“妈妈牌”作业、总是犯困等。
- 答疑阶段，即从孩子遇到问题到解决问题的阶段，对应第 4 章。本章讲解孩子遇到问题后的各种不良表现，如抵触我们的帮助、不愿意动脑、不会提问题、总是抄答案等。
- 改错阶段，即从孩子出现错误到改正错误的阶段，对应第 5

章到第 7 章。其中，第 5 章讲解孩子对待错误的各种表现，如不承认错误、承认错误但不改正、用粗心和遗忘作借口为自己开脱、不愿意使用错题本等。第 6 章讲解孩子在页面工整方面出现的各种问题，如字迹潦草、作业本页面不整洁等。第 7 章主要针对孩子在各个科目中表现出的特有问题进行讲解，如拼音读写问题、字词记忆问题、阅读问题、做不了难题等。

5. 致谢

本书耗费了一年多的时间才得以完成。在写作过程中，我得到了很多人的帮助。在这里，特别感谢出版社的策划编辑、家长成长营的各位家长以及我的家人。如果你在育儿过程中遇到了什么问题，或者对本书有什么建议，都可以联系我，我们一起来学习和交流，让孩子开开心心地茁壮成长。

目录

第2章 孩子准备篇

第3章 作业进行篇

第4章

作业问题篇

第5章

作业改错篇

第6章
页面工整篇

第7章

科目常见问题篇

第1章

家长准备篇

在陪孩子写作业的过程中，虽然孩子是整个活动的主体，但家长的作用也极为重要。孩子在这个过程中所表现的很多问题都是由家长引发的，甚至是由家长直接造成的。所以，要想让孩子高效地写作业，家长需要先做好相应的准备工作。

1.1

你是不是也犯过这三大认知错误

在大部分家长眼里，孩子写作业就能获取知识和应用知识。但如果想真正地提高孩子的学习效率，就要摆脱这种狭隘的认识，并不是不管方式如何，只要完成了写作业的动作就是对的，就能万事大吉。鉴于此，家长需要纠正与之相关的以下三种认知错误。

1.1.1 孩子作业完成得不好，家长得发火管一管

晚上九点，又到妈妈检查背诵情况的时间了。昨天小虎背了《望天门山》，今天妈妈开始检查。结果小虎张了张嘴，却一个字也背不出来。妈妈的眉头皱了起来，厉声道："昨天不是刚背过的！"小虎垂下头，嘟囔着说："忘了。"

“忘了？”妈妈把手里的书“啪”的一下砸到桌子上，把小虎吓得一哆嗦。妈妈指着小虎的脑门骂道：“你每天都记得什么？昨天一晚上就背了这一首诗。今天怎么又忘了？想想，想不起来，今天晚上不用睡觉了！”

在妈妈严厉目光的注视下，小虎好一会儿才哆哆嗦嗦地背出几句：“天门……嗯，天门中断楚江开，碧水东流……嗯，碧水东流至此回。两岸青山相对出，孤帆一片，嗯……一片日边来。”妈妈这才收回目光，重新拿起课本，骂道：“每次都要我发脾气，你才能想起来，你怎么就不能让我省点心？”

同样的一幕每天都在很多家庭上演。孩子不好好写作业，不认真背课文，不努力学习……怎么办？当提醒没有效果，很多父母就会选择发脾气。在我们怒火下，孩子似乎总会老实一些，按照我们的要求完成一些任务。

发火是我们表达情绪的一种重要方式。当孩子做得不够好时，我们经常会通过发火来表达自己的不满，试图引起孩子的重视。从沟通形式来说，发火确实会有一定效果。例如，当孩子伸手去摸一个装满开水的杯子时，我们大声制止：“别碰！”孩子听见后就会马上缩手。这个方法之所以见效，是因为我们的愤怒引发了孩子的恐惧情绪。

恐惧情绪

恐惧是人类与生俱来的一种情绪。当孩子听到我们的斥责时，大脑会阻断身体的一切动作，以与危险保持距离，同时心跳和呼吸加快，血压升高，为进一步的行动做好准备。这时候，大脑会发出指令，让眼睛瞪大，以便寻找危险源。在上述例子中，孩子会回头观察家长所注视的目标，确认家长不让他碰的东西是水杯。之后，孩子的大脑会快速做出判断——水杯是危险源，并指挥身体远离杯子——缩回手。

当我们停止斥责后，孩子的大脑会快速消除恐惧情绪，让身体恢复正常，同时，大脑会将这个场景记忆下来。当孩子再次遇到装满开水的杯子时，肯定会远远地避开，至少不会伸手去触碰。我们通过发火的方式激发了孩子的恐惧情绪，并实现了既定目标。

然而，在学习中，发火是有效的吗？

发火对学习无效

当我们想要纠正孩子的错误时，发火似乎是一种屡试不爽的方法。然而在孩子的学习生活中，这个方法并不见得管用。如果孩子不会背课文，我们吼上几句，孩子一激灵，也许就能背下来。但如果遇到不会解的题目，我们讲解了很多遍，孩子还是听不懂，这时候，若我们再吼几句，那孩子要么哭个不停，要么呆若木鸡。

大脑感受到情绪后，会增强信息的输入。但由于大脑传递信息的通道是有限的，输入的信息多时，输入的通道变宽，用于提取信息的通道就会变窄。这就像城市的潮汐车道，为了提高通行效率，在早晚高峰时段，交警会把紧邻马路中间的那条车道临时作为反向车道使用。

孩子背课文时，如果我们对着孩子吼叫，他们会感到恐惧，在这种情况下，大脑会优先保证信息的输入，所以孩子的记性似乎一下子会好很多。但在解题的过程中，情况就不是这样了。

在解题的过程中，大脑不仅需要把题目和我们的讲解输入到大脑，还需要从大脑中提取已有的记忆，并将这些信息整合到一起。例如，我们给孩子讲解“∠ A 和∠ B 互为余角”。孩子的大脑就会提取余角的定义，从而明白∠ A 和∠ B 的度数和为 90°。这就是所谓的“理解”，也是我们给孩子讲解的目的。

恐惧情绪的弊端在于，它在提升大脑的信息输入能力的同时，也限制了大脑的信息提取能力。并且，孩子越害怕，其大脑的信息提取能力就越受限，也就越难以理解我们的讲解。例如，若孩子的大脑提取不出余角的定义，也就无法理解“∠ A 和∠ B 互为余角”的含义。

当大脑的信息提取能力被限制到一定程度时，孩子甚至连日常的语言都无法理解。所以，当我们吼着“听不懂，你先记下来啊”时，孩子的反应往往是愣在那里，一动不动。但这让我们的血压更是噌噌地往上涨，忍不住想揍孩子一顿。

但这并不是说孩子在处理背诵问题时，我们就可以发火以刺激孩子记忆。而孩子在处理解题问题时，我们就不能发火。究其根本，发火对孩子的学习不仅没有帮助，甚至还会限制孩子的学习能力。即使孩子在家长的发火恐吓下实现了流畅背诵，但很可能又养成瑟缩、谨小慎微的个性，也是得不偿失。所以，当我们忍不住想发火的时候，最好马上离开孩子，等情绪平复后再陪孩子写作业。

1.1.2　应该拿成人的标准要求孩子

小宝正趴在桌子上做计算题，妈妈在旁边陪着。一道简单的“13+8”的题目，小宝足足看了三分钟，还是没有动笔。妈妈看得这个着急啊！这么简单的题目，怎么就做不出来呢？终于，小宝动笔了，先写了个“2”，有戏！妈妈皱着的眉头开始舒展了，接着，小宝又写了“2”，妈妈的眉头又拧成了疙瘩……

小宝似乎也发现了不对，拿起橡皮擦掉了后面的“2”。妈妈顿时松了一口气。谁知，小宝接着把前面的“2”也擦掉了，然后毫不犹豫地写下了一个“19”。这下，妈妈彻底怒了，吼道：“13加8这么简单的题目都做不对。你说你，还能干成点什么呢！”

13加8到底难不难呢？这让我想起了学编程语言时被老师嘲笑的情形。在第一节课上，老师讲解了计算机中特有的十六进制。这种进制使用了0~9十个阿拉伯数字和A~F五个英文字母来表示0~15的数值（对应关系见下图）。在计算的时候，遵循“满十六进一”的法则，即F加1等于10（读作“幺零”，相当于十进制中的16）。老师说：“这很简单。只要你会十进制的计算，就会十六进制的计算。下面我写几个题目，请几位同学上来做一下。”

十六进制	0	1	2	3	4	5	6	7	8	9	A	B	C	D	E	F
十进制	0	1	2	3	4	5	6	7	8	9	10	11	12	13	14	15

老师唰唰几下，就在黑板上列出了几道计算题，我们一看都傻眼了。“E3F5+137”“FFEF+ABCD”“10CC+ED10”，这都是什么鬼？很不幸，我被选中做第一道题目。我晕晕乎乎地上了讲台，面对着这串数字，不知所措。看着别人都在列加法竖式，我便也跟着做。5加上7等于12。我刚写上一个“12”，就听到老师在后面说：“上来第一步就错了。这么简单的题都不会，下去吧。你们是我教过的最差的一届。”听到这话，我只能落荒而逃。

后来，我花了很多时间去熟悉十六进制的表示和进位方式。到期末考试的时候，再次面对这些题目，我根本不需要列竖式，直接就能写出答案。可是，我刚开始的时候怎么就做不出来呢？原因只有一个——难者不会，会者不难。

我们觉得“13+8”这道题很简单，是因为我们会；孩子做不对，只是因为孩子不会。我们下意识地按照成人的标准来要求孩子，看着孩子磨磨蹭蹭写不出答案就开始着急，觉得孩子很笨，这肯定是不对的。

另外，即使我们认识到孩子根本不会做这些题目，也很难接受孩子学习的速度，这是因为我们已经淡忘了自己当年在学习过程中所经历的挫折。没有人记得自己当初是如何学会写“1、2、3”的，也没有人记得自己最初是如何背会九九乘法表的，我们仅凭现在的感觉，就认为自己的学习过程很顺利。

事实上，当我们面对全新事物时，也是笨手笨脚的。以学开车为例，第一次侧方位停车时，我们的表现如何？第一次路考的时候，我们的表现又如何呢？一百以内的加减法之于孩子的难度和科目二考试之于我们的难度是类似的。

我们之所以会用成人的标准去要求孩子，根源在于我们对人类的认知机制缺乏了解。认知就是人们获取知识和应用知识的过程，包括感知觉、思维、记忆等过程。虽然很多家长都拥有十几年甚至二十几年的学习经历，甚至取得过非常好的成绩，却很少有家长真正了解学习过程中的认知环节。这就导致大部分家长很难正确理解孩子在学习过程中所表现出的各种行为，也无法给予孩子适当的帮助。在后面的章节中，我将针对各种常见问题，阐述家长应如何从认知的角度辅导孩子做作业。

1.1.3　作业第一，熬夜也要完成

都深夜了，小宝还趴在桌子上写作业。他打着哈欠问：“妈妈，要不明天再写吧？”听到这话，妈妈很生气，批评道：“今日事今日毕，明天还有明天的作业，谁让你回来不抓紧，磨磨蹭蹭的，拖到现在。抓紧写，写完才能睡觉！”小宝只好低着头，继续做作业。

面对这种情况，大部分家长都会选择让孩子先完成作业再睡觉。因为在我们的观念中，学习最重要，孩子少睡一个小时似乎不是什么大事。殊不知，睡眠对学习的影响远超我们的想象。

首先，良好的睡眠有助于强化记忆。在我们睡觉的时候，大脑会对白天接收到的信息进行整理，“删除”一些不重要的信息，强化

重要的信息。经过大脑的整理，我们对重要信息的记忆会变得更加牢固，以便日后使用。所以，我们经常会有这样的体验：一觉醒来，突然顿悟了——昨天那件事原来可以这样处理！

其次，大脑在我们睡眠时会进行“垃圾清理”。在我们清醒的时候，大脑会积累大量的代谢垃圾；当我们睡着的时候，大脑就会清理这些垃圾。如果睡眠不足，大脑将无法彻底清理这些垃圾，长期的垃圾积累会影响大脑发育，进而影响记忆力。

最后，睡眠质量会直接影响大脑第二天的工作状态。拥有良好睡眠的人更容易发现生活中的乐趣，能更好地面对挫折，并拥有更好的横向思维能力。

所以，当完成作业和保证睡眠之间发生冲突时，我们应该优先保证孩子拥有充足的睡眠。为了避免这两者发生冲突，我们应帮助孩子做以下工作。

提前规划作业

在孩子开始写作业之前，我们应先帮助孩子梳理一下要完成的作业，将其按照重要程度和紧急程度进行分类。例如，老师会逐题批阅的为重要作业，马上要提交的为紧急作业。我们可以使用四象限法对所有的作业进行梳理，让孩子首先完成重要且紧急的作业，然后是不重要但紧急的作业，最后是重要但不紧急和不重要且不紧急的作业。

将作业放到第二天完成

如果时间已经很晚了，但孩子还没有完成作业，我们就应该让孩子先睡觉，将未完成的作业放到第二天来完成。当孩子明显感觉到困意时，学习效率就会开始下滑，让孩子熬夜学一小时远不如让他趁早睡觉然后第二天早起半个小时学习的收获大。所以，我们可以让孩子将那些第二天下午才交的作业放到第二天早上或者中午的时候完成。

放弃部分作业

如果孩子实在没有时间完成全部作业，我们可以引导孩子放弃部分作业，必要时，可以出面和老师沟通，晚交或者不交这次的作业。因为熬夜会导致孩子第二天更容易疲乏，听课质量不高，影响后续作业的完成效率。

通过以上这些方法，我们能最大限度地保证孩子拥有良好的睡眠。当然除了睡眠，其他生理因素也很重要。很多家长都无意间忽略了这些因素的影响，例如，当孩子口渴、肚子饿时，注意力就会难以集中，记忆力也会下降。另外，如果孩子长时间坐着不动，身体的新陈代谢就会变慢，大脑获得的能量减少，学习效率自然也不会很高。所以，要想孩子保持较高的学习效率，我们要注意满足孩子的各项生理需求，保证孩子拥有良好的生理状态和精神状态。

1.2

六大常见的错误辅导方式

在陪孩子写作业的过程中，我们总会无意间犯一些常见的错误。本节将讲述六种常见的错误辅导方式，帮助家长建立正确的认知。

1.2.1 盯着孩子写作业

妈妈非常关注小宝的学习。小宝一开始写作业，妈妈就会坐到旁边，眼都不眨地盯着小宝的一举一动。小宝被盯得各种不舒服，就喊道："妈，你能不能别老盯着我，我自己会完成作业的！"妈妈回应："你写你的，我看我的，我不影响你。"小宝反驳："你要盯着，我就不写作业！"妈妈只能作罢，去忙自己的事情。

小宝为什么不想让妈妈盯着写作业？难道他想偷奸耍滑？实际

上，孩子的反应是正常的，就像我们不愿意被领导盯着干活一样。从心理学的角度分析，当我们被别人盯着时，会下意识地展现自己好的一面，隐藏不好的一面。例如，我们在当众发言时，会努力让自己的声音更有感染力，避免说重复的口头禅，并减少卡顿。

为了达到这个目标，我们会仔细审视自己演讲的每个细节。这不仅会耗费我们大量的精力，还会让我们的一些动作变形。一旦我们带着这些顾虑去行动，我们的表现就会变得很怪异，如同被操控的提线木偶。

当我们盯着孩子写作业时，他们也会有这样的感觉。他们会下意识地想表现得更好，比如会挺直腰杆，把书本摆放整齐，每一笔都书写得更工整，尽量不出现错误。这样的刻意行为不仅会耗费孩子的精力，还可能导致孩子的注意力无法集中在重要的事情上。例如，孩子本应关注如何解题，现在却将注意力集中在如何把字写得更漂亮上，甚至还要抽出部分思绪思考家长对自己的实时评判。

为了避免这个问题，我们需要注意陪伴孩子的方式。首先，我们要让孩子感觉到，我们是在陪伴他们，而不是监督他们。我们可以坐在旁边有一定距离的座位上，让孩子稍微一扭头就能看到。这样事实上也是能起到监督的作用的。其次，我们不要一直盯着孩子，而是去做一些自己的事情，比如处理一些日常工作，或者拿本书看，只需偶尔抬头看一下孩子，让孩子知道我们在关注他即可。

1.2.2 陪孩子写作业时玩手机

陪孩子写作业的时候，妈妈感觉有点无聊，就拿出手机开始刷短视频，为了不影响孩子，还特意把声音关掉。过了一会儿，小宝开始变得不安分，总是扭来扭去，还探过头问妈妈：“妈妈，你在看什么？”妈妈把脸一板，训道：“抓紧写你的作业！”看着回过头，不太情愿地写作业的小宝，妈妈就发愁：这孩子怎么就不能专心一点呢？

小宝不能专心写作业的主要原因是妈妈树立了一个坏榜样。妈妈因为无聊开始玩手机，虽然把声音关掉了，但还是对小宝产生了干扰。小宝虽然不知道妈妈在看什么，但是能看到妈妈的各种表情。当刷到搞笑的短视频时，妈妈脸上就会浮现出开心的表情。孩子看在眼里，自然会感到好奇：妈妈看到什么有趣的内容了？

在平时，这种感受不会很强烈，孩子也容易克制。但是，在做作业时，情况就不一样了。首先，大部分作业是比较枯燥的，尤其是步骤烦琐或者难度较高的作业，相比之下，手机更能引起孩子的兴趣。其次，解题过程消耗了孩子大量的耐心，在这种情况下，孩子很难再去压制自己的好奇心。一旦注意力被妈妈的行为吸引，孩子就很难再专注地写作业。最后，即使孩子暂时克制住了自己，但玩手机的欲望却变得更加强烈。一旦在做作业的间隙拿到手机，他们就会报复性地玩。

所以，在陪孩子写作业的时候，家长不要玩手机。即使需要使用手机，也要控制时间，一旦处理完事情，就马上放下。不要给孩子留下一个坏印象——手机好玩到放不下。

此外，在日常生活中，我们也不要在孩子面前表现出对手机的依赖，不要长时间拿着手机刷短视频、看小说。

1.2.3 孩子出错时大惊小怪

"怎么又错了？"妈妈指着没有加括号的单位吼道，"你也太粗心了！"孩子嘟囔着："不就少了一个括号嘛！"看着孩子无所谓的样子，妈妈拍着桌子呵斥："你这是什么态度？前天就因为这个错了，今天又错了。天天在这些小地方出错，你还能学好吗？"妈妈越说越气，孩子越听越烦。最后，妈妈摔门而出，孩子也趴在桌子上不再动笔。

那么，孩子出错一定是坏事吗？要回答这个问题，我们首先需要明确如何判断一件事情的好坏。例如，为什么我们觉得孩子忘记给单位加括号是一件坏事呢？往近了说，老师判完作业，会给孩子打一个叉，可能会批评孩子，甚至会通知我们，让我们留意孩子的作业质量。往远了说，孩子在考试的时候可能会犯同样的错误，拿不到好的成绩。

另外，我们也习惯了所谓的“以小见大”和“管中窥豹”思维：虽然看起来只是一个很小的错误，但万一是普遍现象呢？孩子在这道题里丢了括号，在其他题上就可能会丢小数点、进位标志……这可怎么办呢？

我们判断一件事情好坏的主要依据有两个：一个是现实结果，即老师给作业打了个叉；另一个是可能结果，即老师可能批评孩子，可能让孩子叫家长，孩子在考试中可能会犯同样的错误，等等。换句话说，在孩子出错所引起的众多结果中，只有作业打叉是确定的、必然发生的。其他结果只是我们依据“过往经验”进行的推测。这也就意味着，及时发现孩子的错误，就能“防患于未然”。从这个角度看，孩子出错未必是坏事。

此外，我们还需要对作业的本质进行分析。让孩子做作业有两个目的。一是进行自我测试，验证孩子对知识的理解和掌握是否到位。二是巩固记忆，如果孩子一道题目都不错，作业反而起不到作用，没办法帮助孩子发现潜在的问题。如果这些问题积累下来，最后在考试中爆发，那才是真正的危险。

所以，无论是从判断事情好坏的标准来说，还是从作业的目的来说，孩子出错并不是坏事，可以引导我们将关注点放在如何解决孩子的问题上。

例如，我们可以给孩子分析，为什么要给单位加括号。因为名数（带有单位名称的数）与数是不能相等的，如 3+2=5 个的写法是错误的。加括号是为了起对数进行附加说明的作用。当孩子理解了这样做的原因后，自然就能牢牢记住了。

1.2.4 总担心孩子完不成作业

孩子刚进家门，妈妈就问："回来了？今天有作业吗？"孩子刚坐下来休息一会儿，妈妈就提醒："别躺着了，赶紧去写作业！"孩子写作业时一发呆，妈妈就催："别发呆了，抓紧点，后面还有其他作业呢！"妈妈不断地催，唯恐孩子完不成作业。

刚开始的时候，孩子还挺配合，写作业的速度明显加快。但是催着催着，孩子就不怎么听话了。妈妈催一下，孩子忙一会儿。妈妈一不在，孩子就"消极怠工"。催得厉害了，孩子就开始反抗："妈妈，你再催，我就不写了！"听到这话，妈妈直叹气：孩子怎么不明白妈妈的好意呢？

为什么家长的督促起不到想要的效果？这是因为，很多家长只是粗暴地催。写作业前，家长催；写得慢了，家长又催。这种不断的催促导致孩子的压力不断积累。最开始的时候，压力还比较小，孩子还能主动化解，努力去完成作业。而当压力超过承受限度时，孩子就会进入一种自我保护状态，把大部分的精力用来对抗压力。这时，孩子就无心做作业了。

所以，我们要避免频繁地催促孩子，可以采取以下措施来帮孩子更有效地完成作业。

帮孩子列作业清单

在孩子做作业之前，我们可以陪孩子一起列作业清单，列出当天都有哪些科目的作业，每个科目的作业都有哪些类型，每种作业的量是多大。例如，单词抄写要抄写几个单词，每个单词要抄写多少遍。

通过列作业清单，我们不仅能了解孩子的作业有哪些，还可以判断出具体的作业量。与此同时，孩子也能明确自己的任务，从而更有动力完成。

帮孩子记录作业完成时间

在陪孩子写作业的时候，我们需要记录孩子完成每项作业所需的时间。例如，孩子抄写 50 个单词需要多长时间，背诵一首五言绝句需要多长时间。然后，多次记录同类型作业的完成时间，取一个平均值作为基准时间。这样我们就可以估算孩子完成此类作业所需的大致时间，以及孩子是否能在预定时间内完成作业，从而减少对孩子的作业焦虑。

为孩子保留机动时间

在预估孩子完成作业所需的时间时，我们要给孩子留出一些弹性时间，以便孩子应对一些特殊情况，如遇到难题、状态不好等。否则，孩子可能会为了按时完成作业而避开一些难题，或者直接放弃某部分作业。

在设置弹性时间时，我们可以按照作业项进行累加。例如，为每一项作业预留十分钟的弹性时间，并计算出总的弹性时间。我们还可以在单项作业所花时间的基础上按比例增加时间，如增加 10%~20% 的弹性时间。

通过这个方式，我们不仅可以消除对孩子能否完成作业的焦虑，还可以了解孩子写作业的进度，及时发现孩子在学习上遇到的问题。

1.2.5 总是给孩子危机感

孩子一犯错，妈妈就批评："你就不能认真点？这样的作业交上去，老师又要点你的名了。这样同学们都瞧不起你，谁还愿意和你玩……"妈妈竭尽所能地把后果说得非常严重，希望孩子能重视学习，多花点心思，少犯点错误，可结果往往适得其反。

营造危机感是我们教育孩子的一个常用方法，但这种方法却存在一些问题。首先，危机感会带来压力。当孩子完不成作业或者出现错误时，本身已经承受了很大的压力，如果我们再刻意营造危机感，只会让孩子喘不过气来，导致他们将大部分精力用于应对压力本身，而不是解决遇到的问题。

其次，危机感会给孩子树立一个"回避型目标"，即孩子会想方设法回避可能遇到的问题。假如我们向孩子强调，作业一旦出错，老师就会批评他，同学也会看不起他，那么为了避免出现这种糟糕的结果，孩子可能努力学习，保证不出错，也可能找理由不做作业，撒谎说忘记带作业本了、不记得老师布置的作业，甚至去抄别人的答案……

所以，过分渲染各种可怕的后果，给孩子营造危机感并不是一种好的督促方式。要想让孩子更有动力学习，我们可以从以下三个方面着手。

首先，我们要给孩子树立一个"趋近型目标"，即孩子应该努力实现的目标，例如鼓励孩子尽量做到作业不出错，从而得到老师的表扬和同学的肯定。明确要实现的目标，孩子才知道怎么做。其次，我们要接纳孩子的不足。孩子表现出的任何不足都是暂时的，我们不要因此过度批评孩子，这会打击孩子的信心和改正错误的勇气。最后，我们要积极帮助孩子分析问题和解决问题，只有解决了对应的问题，孩子才会真正取得进步。

1.2.6　要求孩子必须听自己的

“这道题应该这样做。先做这一步，然后再做这一步。这里不能用你的方法，又慢又容易出错。接着，你再这样做……”妈妈一边在纸上写，一边给孩子讲思路，“明白了吧？一定要按照这个方法做。当年，我可是考过满分的。”

孩子“嗯”了一声。然而，等他自己做的时候，还是用了自己的方法。“都和你说了，不要用这个方法！”妈妈立马怒了，指着第三步说，“你这个方法又慢又容易出错，怎么就听不进去呢？真是气死我了！”

孩子为什么就是“不听劝”呢？很多本身是学霸或老师的家长总有这个疑问。父母把自己认为的最优解掰开了、揉碎了，讲给孩子听。但是，孩子根本不领情，还是按照他自己低效甚至错误的方法来。

其实，孩子“不听劝”，并不是因为分不出好坏，只是在寻求“自主感”，一种可以按照自己意愿行事的掌控感，就像那句广告语所说的，“我的地盘我做主”。自主感是幸福感的来源之一，当我们的自主感得到满足时，就会觉得很快乐。如果要求孩子一切都听我们的，孩子的自主感就会受到损害，进而产生逆反心理，与我们对抗。要避免这个问题，我们可以从以下角度满足孩子的自主感。

首先，我们要为孩子提供多种选择。每个问题都有多种解决方式，有最优解，也有次优解。我们可以把这些方法都讲给孩子，并为他们分析不同解题方式的差别，让孩子从中选择一种方法。只要方法正确，我们就要接纳孩子的选择。这样，即使孩子没有采用最优解，也会进行对比理解。

其次，我们要留出空白供孩子填补。我们给孩子讲解题目的最终目的是希望孩子掌握解题方法和思路，而不是解题的具体步骤。所以，在讲题过程中，我们把核心思路讲解清楚即可，具体步骤留给孩子自己发挥。这样，孩子会觉得题目是自己完成的，而不是在照搬我们的讲解。

最后，我们要让孩子在生活中获得自主感。自主感就像饥饿感，只要在一处满足了，就不会在其他地方渴求。所以，我们要允许孩子在生活中多做选择，这些选择不一定要大，只要数量足够多就可以，如穿什么鞋子、戴哪个帽子、吃几个包子、带不带雨伞等。

只要满足了孩子的自主感，孩子就不会过于抵触我们的学习建议，也更愿意采纳我们提出的最优解，从而提高学习效率。

第2章

孩子准备篇

万事开头难。让孩子开始写作业同样很难。这个环节总会出现各种意外，让家长措手不及。例如，孩子不愿意动手写作业、忘记拿课本、要求家长寸步不离等。

2.1

为什么孩子迟迟不动笔

家长们通常认为，孩子不愿意写作业是因为懒，但不管是不是如此，这样想都是无法解决这个问题的。因为懒是对孩子行为结果的描述，而不是问题背后的真正原因，那么问题背后的原因究竟是什么呢？

2.1.1 孩子觉得作业是一种负担

妈妈看着孩子一会儿翻翻课本，一会儿翻翻字典，就是不去拿作业本，于是好奇地问："你在干吗呢？"

孩子头都没抬："预习后面的内容。"

妈妈接着问："那作业什么时候做？"

“嗯……过一会儿吧，”孩子抬起头问道，“妈，你说，我们为什么要写作业呢？课本上的东西，我都已经会了。老师讲的，我也听懂了。”

妈妈听了一愣，想了半天才回答道：“写作业是学习的必要环节，哪有学了之后不写作业的？想那么多还不如现在把作业写了。”孩子似乎对这个回答并不满意，自顾自地继续预习。

很多孩子不愿意做作业的一个重要原因是他们把作业当成了一种负担。在他们眼里完全没有写作业的必要，只要学会了，学懂了，还做作业干什么呢？有这个时间，他们可以去学习更多的新内容，或者出去运动一下。

这种想法不仅出现在孩子身上，也存在于部分家长身上，他们都没有认识到作业的真正作用。第一，作业可以帮助孩子检验其是否正确掌握了所学的知识。孩子以为的理解和掌握通常只是一种主观感受，并不是客观事实。只有经过作业的检验，才能确认到底有没有掌握。第二，作业可以帮助孩子巩固记忆。根据艾宾浩斯遗忘曲线，人的记忆会随着时间的流逝而快速消散，仅需半个小时，我们就会遗忘超过 40% 的信息。通过做作业，孩子不仅能够重新记忆被遗忘的内容，还可以巩固快要忘记的知识点。

明确了作业的作用后，我们可以从以下角度消除孩子心中的困扰。

帮孩子重新认识作业

为了让孩子真正理解作业的两大作用，家长可以和孩子做一个小游戏。首先，让孩子讲一下当天课堂上都讲解了哪些内容，我们对照作业进行验证。例如，对照单词抄写作业，我们就能发现并提醒孩子忘记的几个单词。这样，孩子就会明白自己记忆的不可靠性。其次，我们可以让孩子对某一知识点进行详细讲解。如果发现孩子讲得有问题，就可以选择作业中相应的题目，让孩子去验证。如此，孩子就会发现自己的理解存在偏差。通过这两个环节，孩子就能真正认识到作业的作用，消除部分抵触心理。

分析负担心理的成因

很多孩子认识到作业的作用后，仍会觉得它是一种负担，这是因为写作业会耗费大量的时间，尤其是孩子对初学的知识还不熟练时，完成作业所需的时间就更长，导致孩子没空干其他事情。

这时候，我们应该先让孩子复习课本和老师讲解的内容，让孩子先吸收知识再去写作业，这样孩子就会觉得轻松一点。同时，我们也要观察孩子作业的完成进度。如果发现孩子被某个题目卡住了，就及时指导一下，这样可以大幅提升孩子做作业的效率。

调动孩子的好奇心

消除孩子的错误认识后，家长可以尝试激发孩子的好奇心，让他们尽快行动起来，比如，默写单词前，问孩子能默写出多少；词语填空时，问孩子要花多少时间；解应用题前，问孩子有没有巧妙的方法。

2.1.2　孩子的作业目标不明确

小宝在桌子旁呆坐十多分钟了，妈妈看到后喊了一句："抓紧写作业了！"小宝有气无力地回道："知道了。"过了一会儿，妈妈发现小宝还是呆坐着没动，生气地拍了一下桌子训道："你发什么呆？这都半个小时了，咋啥都没干？拿出作业本，现在开始写作业！"小宝感受到了妈妈的怒火，才慢腾腾地打开书包，开始写作业。

相信很多家长都遇到过类似的情况，孩子回到家总是干坐着不动，非得家长反复催促才去写作业。这可怎么办呢？

之所以出现这种情况，是因为孩子没有明确的作业目标。虽然孩子知道有很多作业要做，但"很多作业"这个概念是抽象的、模糊的，无法激励孩子主动做作业。

遇到这种情况，家长们就会开始催促孩子。催促的方式有两种。第一种是笼统地提出要求，如“你得写作业”“你已经拖了半个小时了还没写作业”。这样的要求只会增加孩子的压力，让孩子觉得时间非常紧迫，但还是不知道下一步应该做什么。第二种是明确地下指令，如“现在拿出作业本”“把老师要求默写的10个单词抄写5遍”。这样的要求直截了当，孩子马上就知道要做什么，也更容易采取行动，只要坚持一会儿，就能进入状态。这种现象也被称为“行动兴奋”。

所以，如果孩子明知道作业很多，却总是不去做，家长就要按照以下步骤对孩子进行引导。

第一，帮助孩子确认作业量。家长应该先让孩子列出今天都上了哪几门课，然后再让孩子依次确认是否每门课都布置了作业，最后再让孩子列出来每门课的具体作业。

第二，帮助孩子挑选“起手作业”，即首先要完成的作业，最好是孩子比较喜欢且容易完成的作业。

第三，让孩子准备写作业需要的东西。确定作业后，家长就要和孩子检查写作业需要的东西是否都准备好了，要鼓励孩子将这些东西拿出来。举例来说，要完成单词抄写作业，家长就可以问孩子作业本在哪里、英语书在哪里、要抄写的单词在哪里。

第四，和孩子一起预估完成作业所需的时间。当所有的东西都准备好后，我们可以问问孩子，完成这项作业需要多长时间。先让孩子说一个时间，然后家长也说一个时间，最后验证一下谁说得更准确。这样，孩子就会被激发起好奇心并马上行动。

2.1.3　孩子觉得作业太难了

在妈妈的各种努力下，小宝终于拿出了练习册，然而刚看了没五分钟，笔都没动，就又把练习册合上了。妈妈看到就急了："又咋啦？"小宝说："有点儿难。""难？平时作业能有多难？"妈妈一把夺过来练习册，大致翻了翻，"这也不难啊！这么简单的题，你是不是又想偷懒啊？"小宝委屈得眼睛一红，泪水开始在眼眶里打转，妈妈在旁边也被气得不行。

孩子觉得难，家长却觉得不难。即使我们去问老师，老师也会说自己布置的作业并不难。那么到底是哪里出了问题？

“难”是一种主观评价，对于一份作业的难易，老师、家长和孩子的感受肯定是不同的。布置作业时，老师通常是按照成绩中等偏上的学生所能接受的难度水平布置的，如果孩子的成绩较差，那他势必会觉得作业难，甚至是非常难。

这时候，如果让孩子硬着头皮做作业，只会让他不断地遭受挫折，自信心受到打击。时间一长，孩子就会想办法逃避做作业。他们会给自己找各种借口，如老师出的题太偏、老师故意针对自己等。有的孩子甚至会故意给自己设置一些障碍，如故意忘拿作业本、找借口错过老师布置作业的时段等。要解决这个问题，我们可以教给孩子三个技巧来帮助他们战胜“难”题。

先复习功课，再写作业

孩子上午听的课，晚上才开始写作业，中间隔了十来个小时。很多孩子已经将课上所学的内容彻底忘了，拿起作业时，他们大多是一脸迷茫。所以，写作业之前，我们应该先让孩子复习相应的课本内容和笔记。这样，孩子就会对作业内容有一种熟悉感，也不会觉得太难。

先做简单作业，后做复杂作业

即便是同一科目，不同类型的作业难度也是不一样的。例如，在英语作业中，抄写单词很简单，完形填空则比较难，小作文最难。这时候，我们就应该安排孩子从简单的作业开始做，逐步向高难度的作业过渡。

这样阶梯式的过渡，可以培养孩子的自信心，让他们有勇气逐步面对更难的题目。另外，这种先易后难的模式还可以改变孩子对作业的评价，让孩子觉得作业并不是那么难。

先跳过难题

简单类型的作业中也会有个别比较难的题目，难题会占用孩子大量的时间。如果解得出来，孩子就会信心大增，否则，孩子的信心就会严重受损。所以，我们需要和孩子做好约定：如果某个题目在特定的时间内没做出来，就暂时放下，先去解决后面的题目，最后再统一解决这些难题。

2.2
丢三落四的作业

孩子在写作业的过程中也会出现丢三落四的问题，如忘记带书本、忘记老师布置了什么作业等等。那么，我们该如何正确地看待并帮孩子有效地解决这些问题呢？

2.2.1 孩子总是忘带书本

孩子的忘性太大，今天忘带练习册，明天忘带作业本，后天忘带试卷，每次都是开始写作业了才发现该带的东西落在了学校。妈妈提醒了，也骂了，但效果总是不明显。这不得不让妈妈怀疑，孩子是不是想偷懒，故意这么做的呢？

很多孩子都有丢三落四的毛病，尤其是在携带物品方面。孩子忘带书本可能有多种原因。

第一，孩子下意识地回避与作业相关的东西。当孩子对作业感到极度恐惧时，就会下意识地忽略与之相关的各种东西。第二，孩子有意选择不带与作业相关的物品。这些孩子讨厌写作业，他们觉得不把"装备"带回家，家长就没法催他们写作业。第三，偶然性的遗忘。大部分人都不太擅长记住自己要做什么，因此才有各种提醒工具的出现，如便利贴、备忘录、定时提醒 App 等。孩子也存在类似的问题。他们每天要上很多课，各科老师也不是每天都布置同样的作业，因此，每天需要带的东西也都不一样。这些都增加了记忆难度，导致了孩子的遗忘。

无论是哪种原因，我们都要帮助孩子避免这种问题。一方面，我们要表现出严肃的态度，让孩子重视这个问题。比如，接送孩子上下学时多多提醒孩子检查书包。另一方面，我们也需要建立一些机制，帮助孩子记住要带的东西。

帮助孩子为每个科目准备科目袋

孩子每天要上的科目有很多，而每个科目又有各自的课本、练习册和作业本。这些东西混到一起，找起来很麻烦，即使漏掉其中的一两本，也很难发现。为了应对这种情况，我们可以给孩子准备一些科目袋。

我们需要在每个科目袋上写上科目名称，并标明该科目包含哪些东西（如课本、练习册、作业等），然后要求孩子每天将不同的资料按照科目装袋，并根据标签检查资料是否齐全，这样孩子就没有了遗漏的借口。

培养孩子及时整理的好习惯

有了科目袋以后，家长还要培养孩子使用科目袋的习惯。每上完一门课，就应该将这门课的所有东西都整理到科目袋中。这样，放学的时候，只需要再整理最后一个科目的资料即可，不会再因为赶时间而乱装或者遗漏资料。

不要因为图省事而留下隐患

很多家长和孩子都觉得书包太重，所以那些与作业无关的资料可以不用带回家。这个出发点是好的，但却带来了一个新的问题——孩子需要经常判断今天的作业需要带哪些资料。这不仅会消耗他们的精力，还会留下各种隐患。因为由于时间仓促，孩子很容易出现误判而少带某份资料，这给他们无法完成作业增加了一种可能的借口。所以，无论资料是否与作业相关都应该将其规整到科目袋中，不要图省事。

2.2.2 孩子忘记老师布置的作业

每天一写作业小宝就喊：“妈，今天的数学作业是哪几道题？”妈妈拿出手机一边翻找一边问：“老师课上没说吗？”小宝红着脸回答：“说了，但我没记全。”妈妈叹了一口气：“这可不行。要是我哪天加班不在家，你这作业该怎么完成呢？”

对于孩子忘记作业这件事，家长通常都是抱着矛盾的心态。首先，家长会担心：孩子是不是为了省事而故意不记作业？他这样不认真，会不会影响学习呢？其次，家长又会感到些许开心：孩子并没有因此而不做作业，我们只要动动手，就能帮到孩子。

我们的担心是正确的，如果孩子每次都要问我们作业有哪些，那他就容易形成路径依赖。长此以往，孩子就会认为完成作业不是他一个人的事情，也是父母的事情。这会让孩子不重视作业，并减少付出。所以，我们需要通过以下方法减少孩子对我们的依赖。

给孩子准备专门的本子记录作业

我们可以给孩子准备一个专门用来记录作业的小本子。这个本子要方便携带，巴掌大即可，让孩子将每个科目的作业单独记在一页。这样做有两个好处：第一，可以避免孩子将不同科目的作业搞混；第二，万一老师布置的作业有变动，也方便孩子修改。

教孩子一些记录技巧

老师说话的速度太快，或者孩子写字慢，跟不上节奏，都会导致孩子漏记一部分作业。为了解决这个问题，我们需要教孩子一些记录技巧。举例来说，孩子可以对常用词语进行简写，如把“课本”记作“本”，“练习册”记作“册”，“作业本”记作“作”。记录作业时，可以先记具体的作业，最后再写标题，表示这是哪个科目的作业。

提醒孩子和同桌对作业

哪怕孩子听得再认真，偶尔也会出现听错、写错的情况，所以，我们可以鼓励孩子和同桌对一下作业单。只需花十几秒的时间，就能确认自己记录的是否正确。

家长只作为后备验证者

作为家长，我们不应该成为做作业的主角，而应该是一名后备验证者。孩子完成作业后，我们再检查一下，看看作业是否有遗漏即可。如果确实有遗漏，我们也不要生气，而是要和孩子确认出现遗漏的原因。这样，我们不仅能够帮助孩子掌握完善的做事方法，还能消除孩子想偷懒少写作业的侥幸心理。

2.2.3　孩子做完的作业总忘带

妈妈正在上班，桌上的手机突然响了起来。妈妈拿起手机一看，是孩子的班主任打来的，心里不由得一紧：难道孩子在学校出事了？

接通电话后，对面传来了孩子的声音："妈妈，我的数学作业本忘记带了，你给我送一下吧，不然下节课王老师又以为我没完成作业。"听着孩子的声音，妈妈松了一口气，但一看时间，又开始着急了——距离孩子的数学课开始只剩不到一小时了，自己还得先回家，再跑到学校。

很多家长都遇到过孩子忘记将写好的作业带到学校的情况，至于送不送，大家的意见并不统一。有的家长认为应该送，避免孩子被老师冤枉，影响孩子的情绪；有的家长则认为不应该送，因为孩子一旦形成依赖思想，就会经常性忘带。我们一直要求孩子一定要认真、仔细，不要丢三落四，但结果总是事与愿违，问题出在哪里呢？

我们会发现，孩子回家的时候很少丢三落四，但是一去学校就错误频出。这里的原因比较多，首先，孩子在家里比较懒散，在学校则很有条理性。在学校里，每个老师都会强调孩子必须做的一些事情，而在家里，孩子会变得松懈。其次，家里让孩子分心的事物（如各种玩具、食物、课外书等）比较多，从而导致孩子忘记带作业回学校。最后，孩子做完作业后往往比较疲惫，也会因此忘记整理作业。

面对这种情况，如果我们单纯要求孩子认真，根本解决不了问题。我们需要通过一些有效措施来帮助孩子养成良好的习惯。

第一，让孩子养成使用科目袋的习惯。科目袋不仅要在学校使用，在家也要用。使用科目袋可以避免孩子将不同科目的资料混在一起，从而遗落一部分作业。

第二，让孩子每做完一项作业就清理一次桌面，将写完的作业本、查完的工具书放到对应的位置。这样不仅可以让孩子活动一下，还能让桌面保持干净整洁，避免孩子分神。

第三，让孩子写完作业之后，把第二天要用到的科目袋，包括要交的作业的科目袋、有对应课程的科目袋都放到书包中。很多孩子都是第二天上什么课就准备对应科目的科目袋，却遗漏了那些第二天没课却需要交作业的科目的科目袋。

家长要监督孩子按照上面的要求去做，一旦孩子养成习惯，就不会遗落作业了，我们也不用纠结要不要给孩子送作业本了。

2.3

孩子要求妈妈陪在身边，才能写作业怎么办

有的孩子在写作业时，总是要求家长寸步不离地陪在身边，但这个要求大部分情况下真的很难实现。这时候，我们就需要仔细分析这个要求背后的原因。

2.3.1 孩子缺乏归属感

小花一回到家就围着妈妈转，到了写作业的时候，妈妈就开始发愁，因为这意味着她必须放下手头的活儿去陪着孩子。一旦自己不在身边，小花就会大喊："妈妈快来……快来……"妈妈嘱咐过："孩子，你已经上小学了，得学会自己学习。"但小花根本不听，如果妈妈不陪着，小花就一直不写作业。

在生活中，我们经常能看到像小花这样的孩子，他们非常依赖父母（尤其是在小学低年级的时候），只要回到家，就会缠着爸爸或妈妈。到了写作业的时候，他们要么拉着父母坐在身边，要么就拿着作业本跑到父母身边——这都是缺乏归属感的表现。

归属感就是个体感到被群体接纳时的感受。每个人都需要一定的归属感，让自己感到安全。通常，孩子可以从学校、家庭或者朋友那里获得归属感。如果孩子没有融入学校的氛围中，也没有要好的朋友，就会从家庭中寻求归属感，表现出来的就是对父母过度依赖。要解决这个问题，我们得从多个方面入手。

鼓励孩子参加学校活动

融入一个团体的有效方式就是与大家互动。因此，要想让孩子融入学校生活，就要鼓励孩子参加学校的各种活动。这些活动可以是老师组织的日常教学活动，也可以是同学之间的娱乐活动。我们可以鼓励孩子举手回答老师的提问，学习中遇到问题时主动请教老师，也可以鼓励孩子参加同学之间的各种比赛。

如果孩子能从其他地方获得归属感，就会自动减少对父母时刻陪伴的渴求。这时，即使我们不在孩子身边，他们也可以自主地完成作业。

邀请同学进行私下交往

如果孩子有一些志同道合的同学，家长可以邀请他们和自己的孩子进行一些私下交往。这种互动比学校公开的活动更为有效，可以帮助孩子结交更多的朋友。例如，我们可以邀请孩子的同学到家里玩，也可以邀请同学全家一起去游乐场游玩，去电影院看电影等。

多给予孩子及时的响应

在孩子获得足够的归属感之前，我们要积极地响应孩子，多和孩子互动。和孩子聊天时，如果孩子提出一些自己的想法和观点，我们要表现出足够的重视，并进行正面回应。这样，孩子就会觉得自己在父母的眼里非常重要，从而获得归属感。

2.3.2　孩子害怕作业

与小花比起来，小宝就好得多了，他可以一个人玩，一个人看书，只有写作业的时候才会缠着妈妈。妈妈很纳闷地问为什么，小宝只是说有点怕，至于怕什么，他也说不清楚。这让妈妈很无语，做个作业都能怕，作业又不咬人，有啥可怕的？

作业是不咬人，但确实能让孩子感到害怕。人们对未知的事物多少都会有点担心，如果这个事物有可能带来严重的后果，人们就会更加害怕。对孩子来说，作业就是这样的事物。由于经常看到同学因为作业做得不好而被老师批评和惩罚，甚至自己也有过类似的经历，孩子就对作业产生了畏惧心理。

孩子要求妈妈陪自己写作业，是因为在孩子的记忆中，只要有妈妈的陪伴，自己就是安全的。有了足够的安全感，孩子就有勇气战胜“可怕”的作业。要解决这个问题，我们可以从以下方面着手。

在恰当的时候为孩子提供帮助

孩子对作业的担心源于那些不会做的题目，这类题目遇到的多了，孩子就会对自己的能力产生怀疑，从而变得不自信，更害怕因为完不成作业而受到惩罚。为了避免出现这种状况，我们要及时帮助孩子解决问题，可以鼓励孩子先自行解决问题，然后在必要的时候再提供帮助。当孩子能够成功独立完成作业的时候，就不会再害怕作业。

及时肯定孩子的成绩

当孩子完成作业，尤其是解决了比较难的题目后，我们要肯定孩子的努力，并给予鼓励。这样，孩子就会相信自己有能力搞定作业，从而愿意积极主动地做作业。

培养孩子解决问题的能力

在帮孩子解决问题的同时，我们还要培养孩子独立解决问题的能力。我们可以教孩子使用工具书和一些常见问题的分析方法。例如，教孩子使用《新华字典》查生字，使用《古代汉语词典》查文言文中的词语，使用图形法分析应用题。

有了这些能力，孩子就敢于尝试独立解决问题，而不是依赖我们的帮助，孩子的自信心也会更强，从而不再畏惧作业。

第3章

作业进行篇

等到孩子终于开始写作业了，我们又会发现各种问题，如孩子注意力不集中，不想写“妈妈牌”作业，总是想睡觉等。导致这些问题的原因有很多，只有找到根本原因，对症下药，才能帮助孩子解决问题，让孩子高效地写作业。

3.1
孩子注意力不集中，这样应对

注意力不集中是孩子常有的问题之一。它在不同孩子身上有不同的表现形式。大部分家长都能发现这个问题，但能够成功解决的人并不多。这是因为每种表现背后的原因都不相同。本节将对孩子们注意力不集中的各种表现进行详细分析，找出背后的原因，并给出解决方法。

3.1.1 孩子总是在玩耍

小学三年级的小虎往桌子前一坐，发现桌子上的东西少了很多：可爱的小熊没了，好玩的魔方没了，过生日时抽的盲盒也没了。小虎转身问妈妈："我桌子上的东西都哪儿去了？""都给你放到柜子里了，省得影响你写作业，”妈妈头都没回，一边收拾东西，一边说道，“写完作业你再拿出来玩儿。玩儿完记得再放回去，以后玩具一律不能放到书桌上。”

这个理由足够有力，小虎无从反驳，只能拿出习题册开始做作业。妈妈看到后也放心了，就转身去厨房忙活了。等妈妈再进来时，却发现小虎正趴在桌子上玩护肤霜的瓶子，一圈圈地转着，玩得不亦乐乎。

妈妈气得直拍脑门。这孩子还真是，连个护肤霜的瓶子都不放过！压了压心中的怒气，妈妈咳嗽了一声，然后把护肤霜的瓶子、相框、旋转日历等，只要和学习没直接关系的，就一股脑儿都收走了。小虎气鼓鼓地看向妈妈，却被妈妈瞪了回去，只能悻悻地继续写作业。

书桌是孩子写作业的主战场，桌上多余的摆设都会分散孩子的注意力。例如，孩子抬头看到桌上的毛绒熊，眼睛会自动将毛绒熊特有的视觉信息传递给大脑。大脑会马上识别出这是自己的毛绒熊，并根据过往记忆，为毛绒熊打上情绪标签——开心。这时候，孩子就会面临一个选择：是继续写枯燥的作业还是先玩一会儿可爱的毛绒熊呢?

这就是分心的过程。这个过程并不受孩子主观意志的控制，却需要孩子主动来应对。如果孩子能够做到理性思考，觉得手头的作业比玩儿更重要，就会排除干扰，继续写作业。然而，虽然孩子消除了分心带来的影响，却消耗了宝贵的意志力。等过一会儿，孩子再次抬头看到毛绒熊时，又会经历同样的过程，再次消耗意志力。当孩子完成大部分作业或者解出几道难题后，意志力可能就已经被消耗得差不多了。这个时候，如果孩子再次看到毛绒熊，可能就抵挡不住诱惑了，会下意识地拿起来玩一会儿。

那么，哪些东西会对孩子产生诱惑，干扰孩子写作业呢？作为家长，我们最容易想到的就是各种玩具和电子产品。实际上，任何比作业有趣的东西都可能对孩子产生影响。例如，平时不起眼的饮料瓶盖，在孩子写作业的时候都显得格外有趣，会被孩子反复把玩。因为颜色鲜艳的瓶盖比黑白色的作业看起来更舒服，瓶盖上的小字比晦涩难懂的题目也更有吸引力，瓶盖还能随自己的心意转动，这比做那些无从下手的作业好玩儿多了。

很多时候，我们无法预知哪些东西会对孩子产生诱惑，就像小虎的妈妈根本无法想象护肤霜的瓶子竟会成为孩子的玩具一样。所以，家长们能做的就是——移除一切与学习无关的东西。每次在孩子写作业之前和孩子一起做一次“大扫除”。

- 只要是和学习无关的东西，如各种玩具、日记本、桌面摆设、衣服、手套之类，都收起来。
- 如果桌子上有图案背景，就找一块纯色的桌布把桌子盖上。
- 用毛巾等工具把桌子清理干净，不留任何杂物。因为一些孩子在觉得写作业无聊的时候，连碎纸屑都要摆弄着玩，或者在有灰尘的桌面上画小人儿。

3.1.2　孩子总是东张西望

看到小宝写作业时的状态，妈妈就发愁。楼下广场但凡有个动静，小宝就要探头看看；爸爸在客厅走动一下，小宝就要侧着头听听；妈妈的手机响一下，小宝就要扭头瞧瞧……但妈妈咳嗽一下，小宝就马上装模作样地写一会儿作业，然而过不了几分钟就又开始东张西望了。

小宝的这种不专注也不能完全怪他，因为这是人类的正常反应。当我们听到声音时，都会下意识地关注，探究声音的来源，并判断其所代表的含义。如果我们手头的工作比较枯燥，没有声音来源所代表的事情那么有意思，我们的注意力就会自动转移。

对大部分孩子来说，写作业并不是什么有意思的事情，尤其是作业比较难的时候，一旦外界有点风吹草动，孩子就会被吸引。即使他能意识到完成作业是非常重要的，也需要花费很大的力气才能将注意力重新集中到作业上。这种注意力纠正的过程非常消耗孩子的意志力。一旦意志力被消耗完，孩子就会走神。要解决这个问题，我们需要先帮助孩子屏蔽这些干扰。

提供安静的学习环境

很多家长为了方便监督孩子，会让孩子在客厅写作业，还有一些孩子喜欢热闹，不想一个人待在自己的房间，也喜欢在客厅写作业，于是问题就出现了。因为客厅并不是一个好的学习环境，它连接着每个房间，家里人的任何走动都会影响到孩子。所以，最好不要让孩子在客厅做作业，而是要尽量选择在安静的卧室、书房等地方。如果家里没有合适的环境，也可以让孩子在图书馆、公共自习室等场所完成作业。

隔绝外部的各种干扰

为了确保环境足够安静，我们还需要做一些其他工作来隔绝外部环境的干扰。例如，关上房门，隔绝家人活动带来的干扰；关上窗户，隔绝室外的各种干扰。如果窗户的隔音效果不好，就拉上窗帘，窗帘最好选择隔音效果好的植绒面料或帆布材质的。

关掉设备的外放声音

在孩子写作业的时候，我们难免会使用电脑和手机，可能还有人想看电视。为了减少对孩子的干扰，我们需要关掉这些设备的声音，或者改用耳机。如果我们带着手机陪孩子写作业，那连振动功能也要关掉。

3.1.3　我们频繁地打扰孩子

小宝正在写作业，妈妈端来了一盘草莓：“小宝，来吃点草莓，已经洗好了。”一会儿，妈妈又端了一杯水过来：“小宝，多喝点水，别上火了。”一会儿，妈妈又系着围裙进来了：“小宝，晚上想吃点什么？”……小宝不胜其烦，向妈妈抱怨道：“妈，我这儿忙着写作业呢！”听到这话，妈妈有点生气，心想：我掏心掏肺地照顾你，你还嫌我烦，等没人管你了，你就后悔吧！

在孩子努力学习的时候，我们总想关心一下孩子，却没有意识到自己的关心可能会打扰到孩子，导致孩子分心。所以，关心孩子也需要讲一些策略。

提前和孩子约定好

我们为孩子准备的饮食都是可以提前计划好的，我们也可以和孩子做好约定，例如，在孩子写作业之前告诉他：“今天我买了你喜欢吃的奶油草莓，我会洗好放到客厅的桌子上。你累了就出来吃点。”

在休息时间关心孩子

我们在为孩子制订作业计划时，都留出了休息的时间。我们可以在这个时间关心孩子，比如在孩子起身活动时给他端杯水，顺便和他聊几句。

重要事情瞅准时机

即使我们有重要的事情需要打扰孩子，也要瞅准时机。我们进屋之后，如果孩子抬头看我们，并且没有马上低头，说明孩子的注意力已经在我们身上了，这时候就赶紧把想说的事情说完。如果孩子只是看了我们一眼就低下头继续做作业，我们就先等一等，等孩子忙完手头的事情，再跟孩子交流。

另外，如果我们在陪孩子写作业期间需要处理自己的事情，一定要尽量保持安静。如果我们需要与别人进行语音沟通，就先离开孩子的屋子，将事情处理完之后再回去陪孩子。

3.1.4 我们给孩子贴了负面标签

每次小宝写作业之前，妈妈都会教育他一番：“写作业时，不要三心二意，也不要拖拖拉拉。不然，你又得熬夜写作业了。”

可是，小宝还是那个样子，该东张西望还是东张西望，该走神还是走神，该熬夜还是熬夜。妈妈只能“倔强”地一遍遍唠叨，做无用功。

妈妈明明是好心，为什么就没有效果呢？这是因为孩子被贴上了“三心二意”“拖拉”这样的负面标签。虽然妈妈是以否定的口吻说出这两个词的，却无意间将这两个词以肯定的形式贴在了小宝身上，很容易误导孩子。

首先，这些标签误导了孩子对自己的认知。如果妈妈总这样说，孩子会认为自己就是这样的人，所以妈妈才这样批评自己。其次，这些标签激发了孩子错误的潜意识行为。虽然妈妈是以“不要如何如何”的形式批评孩子的，但孩子大脑中想到的却是“三心二意”和“拖拉”的各种表现，这样当孩子再次遇到干扰时，就会下意识采用这样的行为方式。最后，这些标签容易引发孩子的负面情绪。孩子需要用大量的时间和精力来对抗这种负面情绪，平复自己的心情。由于这种情绪和精力的消耗，一旦遇到困难的问题，孩子就容易缺乏自控力，进而逃避问题，开始走神。

所以，我们在劝诫孩子的时候需要注意表达方式，避免给孩子贴上负面标签。可以说“要如何如何”，而不是“不要如何如何”。例如，我们可以说：“孩子，你要保持专心，抓紧完成作业，就像上周那样早写完，早睡觉。”这样，孩子会觉得自己以前能做到，今天照样可以做到。

此外，我们要尽可能给出具体的指导。像“专心”“认真”“用功”这些都是模糊的建议，如果孩子没有养成相应的习惯，很难真正做到。所以，我们应该给出一些明确的建议。例如，当孩子跟我们说楼下广场太吵了，我们可以说：“你可以关上窗户拉上窗帘。如果还觉得吵，你就戴上耳机。要是这样都不行的话，咱们再想办法。”

总之，劝诫孩子的时候，我们要注意避免给孩子贴标签，多给孩子一些具体的建议和要求。

3.1.5 孩子总想分享事情

小宝正写着作业，突然嚷道：“妈妈，我跟你说个事情。”妈妈立马阻止：“啥都别说，先写作业，写完作业再说！”小宝有点不服气，反驳道：“可是……”“没有可是！”不等小宝说完，妈妈就打断了他。看着小宝低头继续写作业的样子，妈妈松了口气。不写作业的时候，孩子没几句话要说。一写作业，孩子就来了劲，一会儿说老师有这个安排，一会儿说学校发生了那个事情。这孩子什么时候能改掉这个毛病呢？

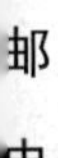

很多家长都遇到过类似的情况。那么，孩子是不是想偷懒，不想写作业呢？其实并不是这样的，这只是记忆的一种正常表现。

在学校学习期间，孩子不仅会记住各种知识，还会记住出现的其他信息。例如，在数学课上，孩子不仅会记住数学老师讲的分数的运算方法，还会记住老师穿了红裙子、同桌被老师提问了，以及自己上讲台做了测验等。这些信息都是与课堂知识相关的，因此在做分数运算相关的作业时，他就会自然地想起这些事情。所以，孩子一写作业就喜欢分享学校的事情是正常的，这并不是孩子想偷懒，更不是他不想写作业。

那面对这种情况，我们该怎么办呢？

尊重孩子的表达欲

孩子愿意和我们分享学校的事情，证明孩子和父母之间的关系亲密。这种分享不仅可以促进亲子关系，还有助于我们了解孩子在学校的学习和生活，并根据这些信息更好地了解和认识孩子。

引导孩子把握正确的表达时机

写作业时分享太多会影响孩子的作业完成质量，所以，我们要对孩子的分享加以引导。如果孩子分享的是比较重要的事情，如学校的各种安排和通知，我们要马上记下来。这样，孩子就不用始终想着这些事情，并因此分神。如果孩子分享的是学校的趣闻趣事，我们可以引导孩子等到吃饭时间再具体说。我们可以说："这个事情确实比较有意思，你先写作业，等吃饭的时候再具体说一下，这样全家都能听到。"

家长要言行一致

如果我们和孩子商量好了在特定的时间分享，就要遵守这个承诺；听孩子分享时也要表现得非常感兴趣，即使孩子忘记分享了，我们也要主动提醒。等孩子养成习惯，就不会在写作业的时候想着这些事情了。相反，如果我们不信守承诺，孩子就不会再相信我们的安排，还是会在写作业的时候聊这些事情。

3.1.6 孩子做一会儿作业就玩一会儿

在做作业的时候，小宝总是做一会儿玩一会儿，今天妈妈检查作业的时候真是气坏了，因为小宝有的题目做了一半，有的题目只写了个开头。妈妈指着练习册问小宝是怎么回事，小宝指着那些没有答完的题目说："老师留的作业太难，这个题目我看了大半天不会做，这个题目，我只会做一半……"妈妈更生气了："你不会做还玩儿？你就不能认认真真写作业吗？"

很多孩子都有小宝这样的问题，写一会儿，玩一会儿。这是孩子的态度不够端正吗？要想回答这个问题，我们需要了解孩子的作业难度。在做有难度的作业时，孩子需要极强的自我控制力才能将注意力集中在题目上，然后绞尽脑汁地思考解题方法。

这个过程非常消耗孩子的脑力和意志力，所以，孩子只要做一会儿难题就会感觉非常累，然后下意识地就想干点儿轻松的事情，玩儿一会儿笔，捏一会儿橡皮，或者看一会儿轻松的课外书，等等。另外，如果作业比较枯燥，孩子也会出现类似的情况，例如，语文老师要求抄写20遍生字，数学老师布置了30道100以内的加减法题目。这些题目的难度不大，但数量太大且形式单一，孩子需要不断克制自己的厌烦去完成作业。对于这种情况，我们需要帮助孩子调整完成作业的方式来避免分心。

面对难题

面对比较难的作业，我们可以建议孩子从简单的题目开始做起，逐步过渡到较难的题目。遇到难题可以先跳过，到后面统一解决。另外，我们也可以让孩子先复习课本，熟悉当天的内容后再去做作业。

面对枯燥的题目

对于比较枯燥的题目，我们可以让孩子分批次完成，先完成一半题目，过一个小时再完成剩下的一半题目，利用时间去冲淡孩子的枯燥感。另外，在写作业时，我们还可以让孩子从知识点的周边信息入手。例如，抄写生字的时候可以让孩子读发音、念部首、组词语、说出字的结构等。每次抄写的时候让孩子选择其中的一种，这样不仅可以增加趣味性，也可以增强孩子的记忆。

3.2

孩子抵制“妈妈牌”作业

为了提升孩子的成绩，家长经常会给孩子额外布置一些作业。虽然家长是出于好心，但孩子却不领情，并与家长对抗，这是为什么呢？我们从两个方面来思考这个问题。

3.2.1 “妈妈牌”作业都是临时加量

甜甜抬起胳膊伸了个懒腰，长长地呼出一口气——终于把最后一份作业消灭掉了。她拿起桌上的电子表一看，刚刚七点半，脸上顿时露出了喜悦的笑容。自从升入五年级，作业一下子增加了不少，这还是她第一次在八点前完成。她一边起身收拾书本，一边盘算着今天该去找谁玩儿，去哪里玩儿。

这时，妈妈端着水果盘走了进来，看到甜甜正在收拾东西，连忙问道：“怎么这么早就开始收拾了？作业都写完了？”甜甜开心地回答道：“嗯，写完了。我想出去玩儿一会儿。”妈妈的脸马上就沉了下来，开始唠叨：“玩儿什么玩儿？都五年级了，天天就想着玩儿！去，把我上次给你的习题册拿出来做一会儿。”

随着妈妈在习题册上指指点点，甜甜的心情逐渐跌入谷底。她看着眼前的习题册，不禁暗自责备自己：为什么要那么急着完成作业呢？

妈妈原本出于一片好意，想让甜甜多学一会儿，没想到反而伤了甜甜做作业的积极性，问题究竟出在哪里呢？

这一切都源于人们趋利避害的本性。人们倾向于追求能让自己感到开心的事情，避开那些让自己感到痛苦的事情。对于大多数孩子而言，出去玩儿和休息总是令人愉快的，而写作业就不那么让人快乐了。在甜甜以往的学习经历中，写完作业以后，总能出去玩耍或者休息。慢慢地，玩儿和休息所带来的快乐情绪逐渐渗透到了完成作业的过程中，维持了她做作业的积极性。然而，妈妈突然增加了作业量，一切都开始发生变化。

好不容易完成了手头的作业，却又面临更多的作业。作业带来的焦虑感和痛苦逐渐取代了原来的快乐。这使得甜甜无法在完成作业的过程中感受到快乐，甚至觉得枯燥无聊。快乐的感受一旦消失，甜甜完成作业的积极性也随之减退。当这种情况频繁发生，只要一想到完成作业，甜甜就会觉得非常痛苦。因此，她会想方设法地延缓完成作业的时间，避免作业的临时“加码”。

在成人的世界中，这样的情况比比皆是。我们总是努力地完成工作任务，满心期待按时下班，回家休息。但每当我们完成一项任务，领导都会立马安排新的任务，使我们不得不继续工作。有过几次这样的经历后，我们就会不自觉地开始懈怠，将工作拖到加班时间才完成。

所以，将心比心，当孩子写完作业后，我们就不要再临时给他加作业了，让孩子按照自己的意愿去玩儿一会儿或者休息一会儿。

另外，即使孩子主动提出想做更多的练习，我们也不要马上为他安排，而是应该先夸奖孩子，让孩子从中感受到更多的成就感，这样更能加强孩子对完成作业的积极性与期待。

那什么时候加作业比较合适呢?

布置“妈妈牌”作业需要一个有足够说服力的理由，并且这个理由要能得到孩子的认可。因此，最佳的时机往往是孩子遇到某个问题并因此而感到懊悔的时候。举例来说，如果孩子因为计算出错而被老师批评，而其他同学却因为表现出色被表扬了，孩子很懊悔，并且也想得到老师的表扬，从而想要加强练习。这个时候我们再布置相应的计算作业，孩子就会欣然接受。

3.2.2 没有尽头的“妈妈牌”作业

小宝正在写数学作业，刚做了几道题，他就抬头问妈妈：“做完数学作业，还要再写 4 页计算题吗？”妈妈想都没想就“嗯”了一声，小宝立刻就变得有些沮丧，低下了头。

看着孩子不高兴的样子，妈妈有些心软了。孩子也不容易，每天要做这么多的作业，可是这孩子太粗心了，每次的计算题总是错一大堆，要是不给他安排“妈妈牌”作业，强化一下他的计算能力，等到考试就麻烦了。然而看着孩子委屈的样子，妈妈又有些于心不忍，怎么办呢？

妈妈宽慰小宝：“只要你今天的数学作业不出错，就不用写。但是，错一道题就要写一页，错两道写两页，错题超过四道，你就得全写！”小宝一听这话，眼睛立刻亮了起来，赶紧回答道：“妈妈，我保证一定不会出错。”

过了不到半个小时，小宝就把习题册合上，推到了妈妈面前，兴奋地喊道：“妈妈，我做完了，请检查！”妈妈看了看表，感觉有点儿不可思议。平时一小时才能完成的作业，小宝今天只用了 20 多分钟就完成了。妈妈翻开习题册开始仔细检查起来，随着习题册一页页翻过，妈妈的眉头逐渐舒展开来。小宝的字迹虽然有点儿潦草，但正确率出奇得高，二十道计算题只错了一道。看着小宝开心地去做那一页“妈妈牌”作业，妈妈开始反思自己以前的做法是不是不太合适。

小宝的优秀表现体现了心理学上的“紧急按钮效应”。这一效应最初由美国哥伦比亚大学心理学家大卫·格拉瑟通过实验发现。该实验最初是为了探究噪声对人的心理的影响。

在实验中，研究人员为志愿者提供了一个用于消除噪声的按钮。虽然志愿者并没有真正地去按这个按钮，但都觉得噪声变得不再那么刺耳，也更容易忍受了。做完实验后，志愿者按照要求使用1~9的评分系统来评估自己对噪声的忍受度。其中，1分表示完全不能忍受，9分表示完全可以忍受。结果显示，当提供了这个按钮后，志愿者的忍受度从3分显著提升至7.44分。

一个简单的按钮就能产生这么大的改变，其根源就在于人们有了自主感。有了这个按钮，志愿者就会认为：要不要听这个噪声完全由自己做主，如果噪声实在难以忍受，他们可以选择按下按钮来消除它。有了这种自主感，志愿者的心理负担就变小了。

小宝的情况也与之类似。之前不管小宝如何努力地完成老师的作业，事后都必须再做4页计算题。现在，有了妈妈的许诺，小宝觉得只要自己努力不犯错，就能少做甚至不做那4页作业。这种新的认知让小宝不再为“妈妈牌”作业而感到焦虑，从而将更多的精力集中在当前的作业上。即使最后仍需要做一页计算题，小宝也乐于接受，毕竟这是自己一开始和妈妈的约定，而不是妈妈强加给他的任务。

因此，在给孩子布置“妈妈牌”作业时，我们可以考虑建立一个适当的取消机制，即明确在哪些情况下孩子可以免去作业，这需要我们做到以下几点。

把取消机制告诉孩子

在成年人眼里，很多事情是默认的、约定俗成的。比如，我们只要保证不迟到、不请假、不早退，就可以理所当然地获得全勤奖，我们不自觉地把这种习惯带到了教育孩子的过程中。在布置“妈妈牌”作业时，我们其实都默认只要孩子学好了，就不用再做额外的作业。但孩子并不了解我们的这些想法，他们很自然地认为，作业永远都是做不完的。

取消机制要明确可执行

很多家长会说：“只要你学好了，就不用做这些作业了。”然而，大多数孩子听了之后根本就不为所动，因为学得好不好没有一个明确的标准。怎样才算“学得好”呢？按老师的说法，每次考优秀算学得好。可同桌却说，每次都能完成作业，不被叫家长就算学得好。那到底谁的说法更符合妈妈的意思呢？不同的判断标准会让孩子感到困惑，从而很难按家长的意思去执行。

有些家长会说：“只要你每次都能考满分，就不用做其他作业了。”孩子一开始可能还有动力，但很快就泄气了。因为他们发现，很少有人能达到这个标准，即使是班级第一名也不是每次都能考满分。对孩子们来说，一个没有办法实现的目标根本就没有追求的价值，他们也就没有奋斗的动力。

所以，制订取消作业任务的机制时，我们不仅要确保所设定的目标是清晰的，还要充分考虑到孩子的能力水平。如果孩子觉得目标根本无法实现，反而会打击他们的积极性。

取消机制分阶段实施

即使目标设定得非常明确，并且看似可以达成，孩子有时还是不愿意为之努力，原因就在于目标太过遥远。例如，我们承诺只要孩子考入前五名，就取消“妈妈牌”作业。但孩子一琢磨，自己现在的成绩排在三十名之外，努努力也就能考个二十几名，考前五名简直难如登天，也就不愿意为之努力了。

反过来，目标越容易实现，孩子就越有动力。因此，为了鼓励孩子积极实现目标，我们可以设计一系列阶段性的目标。例如，进入班级前二十名，就减少 30% 的作业；进入班级前十名，就减少 50% 的作业；进入班里前五名，就取消“妈妈牌”作业。

这种取消机制不仅符合我们设置“妈妈牌”作业的初衷，也能够充分调动孩子学习的积极性，减少孩子对“妈妈牌”作业的抵触。

3.3

总想睡觉不是错

生理状态也是影响孩子写作业效率的关键因素。例如，很多孩子写作业时都容易犯困。面对这种情况，我们是让孩子坚持完成作业，还是让他去睡觉呢？这需要我们根据孩子的具体表现来定。

3.3.1　孩子一直哈欠连天

小宝回到家往沙发一躺就开始哈欠连天，好像三天没睡觉的样子。妈妈看着就来气，骂道："一让你写作业你就犯困，我每天起得比你早，睡得比你迟，也没有像你这么困。别装了！抓紧写作业！"听到这话，小宝委屈地反驳："我是真的困！"妈妈"嘁"了一声，转身忙着做饭去了。

很多在学校活蹦乱跳的孩子一回到家就蔫了，这让很多家长怀疑孩子就是不想写作业，觉得只要自己在作业问题上一松口，孩子就会立刻“满血复活”，跑出去玩儿。

实际上，孩子很可能是真的困了。首先，孩子每天的标准睡眠时长是 8 到 9 小时，甚至更久，远远超过了成人的 6 到 7 小时。如果睡眠时间不够，孩子就容易犯困。其次，学习是一项非常消耗脑力的活动。经过一天的学习，孩子已经很累了，非常容易进入困倦的状态。最后，很多孩子都没有午休的习惯，连续活跃 10 多个小时以后，当大脑持续处于活跃状态长达 10 个多小时后，神经元在持续活动过程中不断产生腺苷，导致大脑内的腺苷逐步积累。大量积累的腺苷会与大脑中的特定受体相结合，进而抑制神经元的兴奋性，降低大脑的活跃程度，让人感到困倦。

在这种情况下，即使孩子努力坐在桌前学习，学习效率也会由于过度疲劳而大打折扣。正确的做法是先让孩子休息一会儿，恢复一些精力。事实上，很多家长也是这么做的，但很多时候效果并不好，孩子休息了半个小时后还是困得要命。因此，家长往往选择先催促孩子尽快完成作业，好早点儿睡觉。

为什么单纯的休息起不到应有的效果？问题出在哪里了？

其实是孩子休息的方式错了。休息的时候，很多孩子要么在看课外书，要么在玩儿手机，这就让大脑始终在保持工作状态，并没有得到真正的休息。正确的方法是让孩子小睡一会儿，不需要太久，15 到 20 分钟即可，否则容易导致孩子晚上睡不着，影响整晚的睡眠质量。如果这个时候孩子睡不着，可以让他在沙发上闭目养神，让大脑得到足够的放松，这样孩子才能更好地应对后面的作业。

3.3.2　孩子总在做作业的过程中犯困

在妈妈眼中，小花一直是个乖孩子。每次一回到家，小花就立刻坐下来，抓紧时间写作业。可是由于作业比较多，小花往往需要一两个小时才能完成。每次作业还没有写完，小花就开始打哈欠、揉眼睛。妈妈虽然心疼，但作业又不能不写。妈妈也只能鼓励小花努力坚持完成作业，好早点睡觉。

我们身边有很多和小花一样努力的孩子，为了尽早完成作业，他们往往要一连写上两三个小时。在这两三个小时里，他们似乎被牢牢地“钉”在了桌子前，即使感到非常困倦也要坚持完成作业。孩子的这种精神是可贵的，但这种做法是有问题的。

做作业是一项非常耗费精力的任务，其难度往往超过了听课。在上课的时候，孩子由老师带领着学习，属于被动学习，以信息输入为主。而写作业的时候，孩子需要自己安排学习进度，属于主动学习，以信息输出为主。输出比输入更耗精力，所以，写作业往往比上课更累。

学校为了缓解学生的疲劳，保证学习效率，会给学生安排课间休息。孩子每上一节课就要休息 10 分钟。同样地，为了保证孩子做作业的效率，我们也应该为孩子安排一定的休息时间。

借鉴番茄钟

番茄钟是一种非常实用的时间管理方法。它的核心理念是将时间划分为若干个时长为 25 分钟的工作块，每完成 1 个工作块就休息 5 分钟，每完成 4 个工作块就休息 15 至 30 分钟。我们可以借鉴这种方法来帮助孩子更高效地完成作业。

如果孩子进入学习状态的速度比较慢，那么 25 分钟的工作块就显得有点儿短。想象一下，如果孩子刚进入学习状态没多久就被打断，这反而不利于孩子的学习。这时候，我们就要调整工作块的时长。我们可以观察一下，如果孩子在学习 35 分钟以后开始出现走神的情况，那我们就可以将工作块的时长设置为 30 分钟。

离开桌子活动一会儿

休息的时候，很多孩子都是习惯性地趴在桌子上，或者坐着玩一会儿。但这些休息方式不利于放松大脑，正确的休息方式是站起来活动一下。我们可以督促孩子站起来做几个伸展动作，再做几个下蹲动作。全身的肌肉得到放松以后，身体新陈代谢速度就能恢复。这样一来，大脑就可以获得更多的营养物质，从而达到缓解疲劳的目的。

适当补充能量

大脑在完成作业的过程中需要消耗大量的能量，所以在休息期间，我们可以给孩子适当补充一些营养或者给孩子倒一杯水，但不要给他喝咖啡、茶、果汁之类的东西，因为咖啡和茶会影响孩子晚上的睡眠，而含糖果汁会导致血糖产生波动，不利于大脑保持稳定的状态。此外，我们还可以给孩子吃少量的干果，干果里的蛋白质能够为孩子的身体提供稳定的能量来源。

第4章

作业问题篇

孩子在写作业的过程中难免会遇到一些较难的题目，这些难题可能会引发孩子各种不良的表现，比如拒绝我们帮忙，不愿意动脑，只想着看答案，不会提问题，想抄袭他人，等等。面对这些问题，我们该如何正确地解决呢?

4.1

为什么孩子会拒绝我们帮忙

当孩子遇到问题时，我们通常会站出来帮孩子解决问题，但孩子有时会产生抵触情绪，拒绝我们的帮助，这是为什么呢？

4.1.1 我们选择的时机不对

小宝又在咬笔头了，估计是遇到了难题。妈妈探头瞅了瞅题目，心想：这题挺简单的啊！于是从旁边拿过来一张纸就给小宝讲：“这道题的关键点在这里，第一步，你要这样做，第二步，你要这样做……”妈妈边说边在纸上写着步骤。写着写着突然发现，小宝怎么没反应呢？扭头一看，原来小宝已经开始看下一道题目了。

我们总是尽最大的努力去帮助孩子，却常常是“热脸贴了冷屁股”。孩子怎么就不理解我们的苦心呢？究其根本，是因为我们提供帮助的时机不对。在孩子眼里，作业是他的事情，如何做也应该由他自己决定，虽然题目很难，但自己并没有放弃，而是打算攻坚克难。如果这个时候我们贸然介入，孩子就会认为自己的权利被剥夺了，他的自主感也会受损，从而导致他产生逆反心理。家长让做什么，孩子就偏不做什么，就像小宝直接跳过了这道题一样。那么，我们要如何做才能既帮到孩子，又能保护孩子的自主感呢？

提前和孩子约定好

虽然写作业是孩子自己的事情，但他们也不是完全排斥他人的参与。当孩子无法自己解决某个难题或者觉得别人的解法更好时，就会接受我们的帮助。所以，我们可以提前和孩子做一个约定。

当孩子遇到难题时，他们有多种选择，可以尝试自己解决，也可以寻求父母的帮助，还可以请教老师。孩子会根据自己的情况做出合适的选择，并在这一过程中获得自主感。所以，只有当孩子主动向我们提出请求时，我们才应该出手帮助他们。

不打断孩子的努力

我们在发现孩子遇到问题时，总想着第一时间帮他们解决，因为我们担心孩子在一个题目上浪费太多时间，并因此信心受挫。但实际上，我们应该鼓励孩子尝试自己努力解决问题。

首先，为了解决问题，孩子会尽可能地回想所有与该题目相关的知识，这实际上是一次有效的复习。其次，深度思考可以帮助孩子发现自己在知识上的遗漏，还能够激发起更多的好奇心，对答案产生更强烈的期待。最后，孩子能够明白在学习中难免会遇到自己无法独立克服的困难，这样就不会因为遇到一道难题就大发脾气，而是能够心态平和地面对学习中的挑战。

要能够及时回应孩子

孩子在遇到搞不定的题目时，他们的好奇心就会被激发。但这种好奇心不会一直存在，倘若得不到正反馈就会随着时间的推移逐渐减弱。如果孩子需要帮助的时候我们不在他身边，孩子苦思冥想得不出答案，就有可能放弃。

所以，在孩子做作业时，我们要尽可能地陪在孩子身边，让孩子明白，如果他需要帮助的话，我们可以在几分钟内回应他。

4.1.2　我们介入得太深了

小宝挥着手大声喊道："妈妈，这道题怎么做？"妈妈赶紧跑过来给小宝解答。妈妈每讲一步，就问一下小宝有没有听明白。害怕孩子听不懂，妈妈还把解题步骤完整地写在了纸上。讲着讲着，妈妈发现小宝回应的声音越来越小，扭头一看，顿时气不打一处来。原来，小宝正边听边玩橡皮。妈妈郁闷了，难道是自己讲得不好吗？

本来是孩子主动问妈妈问题的，结果孩子却开了小差，这是怎么回事呢？问题在于我们给的答案太详细了，让孩子没有了参与感。整个过程都是我们在讲，孩子只是被动地听。即便我们会跟孩子进行确认，他们也只是简单地回应“嗯”“懂了”或者“听明白了”。随着讲解的推进，孩子会越来越觉得这个题目和自己没什么关系了。即便最后解出了题目，孩子也不觉得自己有什么进步，因为答案是家长提供的，他们并没有真正参与。

出于能力感的需求孩子向我们寻求的通常是解题思路而不是完整答案，结果能力感没有满足，自主感还受损了。长期如此的话，孩子也就不再愿意向我们寻求帮助，甚至我们主动帮忙，他们也不接受。

要想避免这种情况的发生，我们就要注重保护孩子的自主感和能力感，提供帮助时要让孩子觉得，这个事情还是他自己的事情，他有选择如何做的权利。同时，我们要让孩子参与进来，让他感受到自己的努力很重要。为此，我们可以使用以下技巧。

只给出大致的解题思路

在讲解题目的时候，不要给出详细的解题步骤，而应该只给出大致的解题思路。因为如果我们一次性把步骤罗列出来，孩子会觉得自己做的每一步都是别人安排的而不是自己选择的，即使最终得到了答案，那也是“抄”别人的。

但是，如果我们只给出大致的解题思路，就需要孩子做出各种选择，这样他们会感觉自己掌控了整个过程，解题过程是自己“创造”的。

给孩子留个小尾巴

如果孩子的基础不够好，可能无法把大致的思路转化成解题步骤。对于这种情况，我们可以给出核心的解题步骤，将其他步骤留白，给孩子留个小尾巴。在填补空白的时候，孩子会主动思考该如何将次要步骤和核心步骤进行衔接，从而在探索的过程中获得自主感和能力感。

给孩子卖个破绽

能力感的满足不仅在于自己能做什么，还在于自己比别人做得更好。所以，在给孩子讲题时，我们可以故意卖个破绽给孩子，等着他去发现。这样，孩子就会觉得自己其实并不差，从而减少了做不出题的挫败感。当孩子指出我们的错误后，我们要“虚心接受”并表扬孩子，这样孩子就会觉得自己比父母还要细心。

最后，无论如何，当孩子做完题后，我们一定要夸一下孩子：“你很棒，你又搞定了一个难题。”言语上的肯定可以让孩子重新收获自主感和能力感。

4.1.3 我们的态度高高在上

今天由爸爸陪着小宝做作业。小宝遇到一个难题，于是向爸爸求助。爸爸拿过来一看，直接感慨道：“这道题挺简单啊！你怎么就做不出来呢？”爸爸用像机枪一样的语速讲解了一遍解题过程，把小宝听得一愣一愣的。“懂了吗？”爸爸看了看表情呆滞的小宝，感叹道，“你怎么这么笨呢？一点儿都不像我。我像你这么小的时候，都能自己研究奥数题了。”小宝低下了头，不再吭声，也不再问爸爸问题了。等妈妈回来后，小宝把积攒下来的几个问题拿出来，向妈妈求助。

为什么小宝宁可等妈妈回来也不问爸爸呢？这是因为爸爸一直在打击小宝，而不是给予他实质性的帮助。爸爸说的第一句话“这道题挺简单的啊！”就直接否定了孩子的努力；接着，第二句话“你怎么就做不出来呢？”是在质疑孩子的能力；讲完题的第一句话“你怎么这么笨呢？”再一次质疑了孩子的能力；接着第二句“一点儿都不像我”让孩子觉得自己和父母没有相似性，导致归属感受损；最后又说“我像你这么小的时候，都自己研究奥数题了”，看似父亲是在自夸，实际上是间接地贬低了孩子。

我们常常会无意间犯下类似的错误，做出一些所谓客观的评价，殊不知在无意中伤害了孩子。孩子经历了这些打击，自然就会对我们产生抵触情绪，进而拒绝我们的帮助，以免再次受到伤害。要避免这类问题，我们在帮助孩子的时候要注意以下几点。

承认孩子遇到的困难

我们总是错误地认为孩子提出的问题很简单，这种错觉导致我们对孩子提出的问题不够重视，并会在无意中表现出各种不屑。这种态度会通过言语和动作传递给孩子，从而降低孩子的自我效能感。想要避免这个问题，我们就需要了解这种错觉产生的原因。常见的原因有三个。

首先，我们很多人已经忘记了学习的感觉。自从离开学校以后，大部分人都不再专门学习，这就导致我们不记得在学习过程中会遇到哪些问题，以及会遭受什么样的痛苦。其次，我们常常轻视了认知的难度，总是站在过来人的角度看待孩子所学的知识。在我们看来，这些知识很简单，但站在孩子的角度来看其实并不是。最后，我们忽视了个人阅历的不同，阅历的不同会影响到孩子对每个知识点的理解。

所以，当孩子提出问题后，我们首先要承认孩子遇到的问题，如“这个题目有点儿难度”或“我们需要想个好办法来解决”。

不要轻易做出负面评价

在给孩子做辅导的时候，我们总是喜欢做出一些评价。例如，我们会评价题目说“这个题目很简单”，我们也会评价孩子说“你有点儿死脑筋”，甚至夸耀自己说“我上学的时候，只要三分钟就能搞定这些题目”。

这些负面评价直接或间接地否定或贬低了孩子，不仅会降低孩子的自我效能感，还会影响孩子对家庭的归属感。所以，我们要尽量少说这些负面的评价。

家长要主动揽下责任

很多时候，我们已经将题目讲解完了，但孩子还是不能理解。这时，孩子会觉得：爸妈都这么用心地给我讲了，可我还是不会，我也太笨了。为了避免这种情况的发生，家长有时要主动揽下责任。

例如，我们可以说："这个题目确实复杂。我的这个方法似乎不太好，也不适合你。我再换一个解题方式，你看如何？"有了这样的安慰，孩子就会觉得，自己之所以不理解是因为父母讲的方法不适合自己，而不是自己能力不行，如果换一种解题方式，自己还是有可能理解的。

4.2

孩子不愿意动脑是什么原因

授人以鱼不如授人以渔，虽然我们愿意帮助孩子，但更希望孩子具备独立解决问题的能力，然而，很多孩子并不愿意动脑。这究竟是因为孩子懒，还是存在其他原因呢？我们来一一分析一下。

4.2.1 孩子缺少“脚手架”

妈妈被小宝搞得不胜其烦。每次写作业的时候，小宝总会提出各种问题：“妈妈，这个词是什么意思”“妈妈，那道题目怎么做”“妈妈……”妈妈只能耐着性子说：“小宝，你先看看书。”小宝“嗯”了一声就去看书了，妈妈也终于清静了一会儿。然而，还没过几分钟，小宝又开始了：“妈妈，书上没有这个词”“妈妈，书上没讲这个题目”“妈妈……”妈妈叹了一口气，这孩子怎么就不能让大人省点儿心，自己多动动脑子呢？

我们总是希望孩子能够自己解决问题，以培养他们的自学能力，所以在孩子遇到问题时，我们总是建议他们先看书。但是，很多情况下，孩子看完书还是不会。难道是孩子不够努力吗？还是说孩子不够聪明？可能两者都不是，而是孩子缺少“脚手架”——各类辅导书。

很多家长都不太愿意给孩子买参考书，因为老师经常强调学习要以课本为主。这就让很多家长觉得孩子只要看课本就可以了。一旦遇到问题，家长就会下意识地让孩子去课本上找答案。其实这种理解是错误的，虽然老师这句话的本意是学校考查的内容都在课本上，但是要学好这些内容，光靠课本是不够的。如诗句“霜叶红于二月花”中的“二月花”是特指某种花，还是泛指某些花呢？

这时候，孩子在课本上是找不到答案的，若没有辅导书参考，就只能求助家长。为了解决这个问题，我们可以采取以下做法。

购买足够的辅导书

大部分家长都会给孩子准备一些基本的工具书，如《新华字典》和《现代汉语词典》，他们觉得这就足够了，但事实上，这些基本的工具书远远满足不了孩子的学习需求。

首先，这些工具书只能解决最基础的问题，却无法满足再深入一些的学习需求。当孩子学习诗歌和文言文时，会遇到大量在《新华字典》和《现代汉语词典》里查不到的内容。

其次，孩子需要掌握丰富的扩展性知识。为了更好地理解课本上的内容，孩子需要了解大量的周边知识。例如，学习《岳阳楼记》时，孩子可能会思考作者为什么会写下“居庙堂之高则忧其民，处江湖之远则忧其君”的诗句，这些都需要孩子通过了解相关的历史和地理知识才能明白。

最后，孩子需要多角度的知识来帮助理解课文内容，而课本只能给出有限的几种讲解角度。如果孩子通过这些角度仍然无法理解某个知识点，这时就需要用到其他的辅导书。

教会孩子辅导书的用法

很多家长觉得把辅导书买给孩子就万事大吉了，但实际上，这些书很可能一直被放到角落，从没有被用过，因为孩子不知道如何使用。所以，我们还需要教会孩子如何使用这些辅导书。对于工具书，我们应该教会孩子正确使用索引的方法。对于普通辅导书，我们应该教会孩子通过目录来了解内容。这样，孩子遇到问题后就知道该在哪本书中找，从而快速找到答案。

不强制孩子读这些辅导书

很多家长一看到自己买给孩子的辅导书看上去很新，就开始焦虑，担心花的钱白费了，于是就要求孩子去好好读这些书，孩子迫于父母的压力不得不去阅读。这会导致孩子对辅导书产生抵触情绪，即使真的遇到问题，他们也会下意识地回避这些书。

所以，我们平时不要强迫孩子去学习辅导书。当他们遇到问题的时候，我们再建议他去其中找答案。如果找到了自己想要的内容，孩子就会对这本书产生好感。这样一来，孩子独立解决问题的能力也会慢慢提高。

4.2.2　孩子有依赖思想

很多父母给孩子准备了足够多的资料，但孩子还是很依赖父母，一遇到问题就不停地叫“妈妈快过来”“爸爸快过来”。这可该怎么办呢？

孩子一遇到问题就下意识地求助父母，说明孩子已经养成了这种依赖的习惯。因为过去当他遇到问题向父母求助，父母总是能为他解答，他不需要独立思考。这正是习惯的形成机制——当人们采取固定的行为方式去解决某类问题，并且这类问题能够得到恰当解决时，这种解决问题的方式就会变成习惯。要想改变这个习惯，我们就要帮助孩子培养一个新的习惯。具体操作如下。

教给孩子解决问题的方法

孩子向我们求助的目的是解决问题，只要孩子掌握了解决问题的方法，就可以从根本上消除问题。大多数家长在帮助孩子时并没有向孩子讲授解决问题的方法，只是给出了结果。就像孩子问我们某个字的读音，我们为了省事，会直接把答案告诉孩子。这其实是不对的。

正确的做法是让孩子知道如何获取答案。我们可以当着孩子的面拿出《新华字典》，一步步地演示如何找到这个字的拼音。在这个过程中，我们可以以旁白的形式说出自己查字典的思路。例如，“这个字是木字旁，木字旁是四画，我们先在部首目录中找到它。然后，对照部首下边……”在解说的时候，我们不要强调孩子必须掌握这个方法，以免引起孩子的抵触心理，其实顺其自然，孩子只要看几次就能掌握这些方法。

延迟对孩子请求的响应

当孩子熟练掌握解题方法后，我们就要给孩子创造动手的机会。这个时候，我们对孩子的请求响应需要适当延迟。当孩子喊我们帮忙时，我们可以回：“好的，等我五分钟，妈妈忙完就过去。”同时我们可以问一下孩子要求助什么问题，然后给出一些提示，如“你把

《新华字典》准备好，妈妈过一会儿去查”。在等待期间，孩子的好奇心会越来越强，面对准备好的字典或资料，他会忍不住翻开，按照自己知道的方式尝试使用。哪怕最后没有成功，孩子的第一步也已经迈出去了。

表扬孩子的行为

有些家长认为，只有孩子完全靠自己解决了问题才值得表扬，这种观点是错误的。好的习惯是一步步养成的，这个过程可能要持续十几天。在这期间，我们要不断地表扬孩子。

另外，在表扬的时候，我们应明确所表扬的具体行为。如果孩子自己准备好了资料，我们就应该表扬孩子“你很棒，这就是我们要用的资料”，而不是空泛地说“你做得很好”。

按照以上步骤去做，我们就能在不影响孩子做作业的情况下，逐步引导其进行独立思考，依靠自己解决问题。

4.2.3　孩子害怕犯错

小宝喊道：“妈妈，这个题目我不会做。”妈妈开始耐心地给他解释，小宝一边听，一边在纸上写。妈妈每讲解一个步骤，小宝就能立刻理解并补充完整。妈妈疑惑地问道：“小宝，你这不是会吗？”小宝不好意思地说：“我是怕做错了。”妈妈有点儿生气地说：“你还是不愿意动脑子，你只要稍微动动脑子就不会错了。”小宝“嗯”了一声。然而，才过了一会儿，小宝就又开始喊妈妈了……

妈妈批评小宝不愿意动脑子，这其实有点儿冤枉他了。在妈妈的提示下，小宝能够迅速补全解题步骤，这足以说明小宝已经思考过了。那么，小宝为什么还要频频向妈妈求助呢？原因就是之前小宝所说的——“怕做错了”。很多孩子都有这样的担忧，因为一旦出错，老师会给作业打红叉，错误多了，不仅可能会遭到同学们的嘲笑，还可能会被家长批评。

为了避免出错，当孩子遇到不确定或比较复杂的题目时就会向父母求助。这样，即使最后答案是错误的，孩子也可以把错误归咎于他人。要解决这类问题，我们需要从以下三个方面入手。

从认识上改变

很多孩子之所以怕出错，是因为他们觉得出错特别可怕，一旦出错，就会被同学嘲笑。所以，我们需要帮助孩子重新树立正确的认知。

首先，出错不一定是坏事，甚至有可能是好事。因为出错可以帮助孩子了解自己在学习上存在哪些问题。如果这些错误没有在做作业的过程中被发现，而是到了考试的时候再出现，那就麻烦了。所以，在作业中出错反而是件好事。其次，即使出错了，后果也没有孩子想得那么严重。我们可以问问孩子能否清晰地回想起来，自己的哪个同学因为哪道题做错而被老师批评了。实际上，大多数孩子都不会刻意去记这些细节，因为学习上犯错是很正常且常见的，所以，出错并没有那么可怕，它甚至还是一件好事。

从根源上消除

孩子之所以惧怕出错，其根源在于对自己所掌握的知识不够确信，尤其是面对相近的知识点。比如孩子区分不了“巳”“已”“己”这三个字，自然就拿不准“已经”的书写。只有消除孩子的疑惑，他们才能减少错误。

所以，在给孩子提供帮助时，我们一定要了解清楚为什么孩子对自己的答案拿不准，是不是被其他知识干扰了。如果是，我们可以教他用对照法来消除疑惑。以这组相近字为例，我们可以将“巳”“已”“己”三个字的区别列到一个表格里进行对照。

	巳	已	己
读音	sì	yǐ	jǐ
字形	全封口	半封口	全开口
含义	地支的第六位	停止；副词，已经	自己；天干的第六位
组词	巳时	争论不已、已经	己方

从机制上减少

孩子掌握了相关的知识后还是会害怕犯错，因为总会有一些“不小心”的情况出现，如忘记给结果加括号、点错小数点的位置、忘了英语动词的时态变化等。因此，我们可以帮助孩子建立一些检查机制，如要求孩子计算出结果后，再考虑要不要给结果加括号；完成小数计算后估计一下小数的位数；使用动词时先考虑动词的时态再下笔……

当这些机制变成孩子的习惯后，孩子出错的概率就会大幅度降低，孩子也不会过度害怕出错了。

4.3 为什么孩子不会提问题

有些孩子在遇到问题时愿意向父母寻求帮助，却总是说不清楚问题。这个时候，很多父母都会选择不跟孩子废话，直接去看题目。这种做法看似高效快捷，却掩盖了一个更重要的问题——孩子不会提问。这是为什么呢？

4.3.1 孩子不懂的太多

小天又在喊爸爸帮忙了：“爸爸，这个题目怎么做？”爸爸一边读题，一边问道：“这个题目怎么了？”小天支支吾吾了大半天也没说出个所以然来，反正就是不会做。爸爸只能把解答过程详细地讲一遍，然后问小天“听明白了吗？”小天挠挠头回道：“还是不太明白。”爸爸追问小天到底哪里不会，但他还是说不出来。这就让爸爸很发愁了：光说不会，却又说不出哪里不会，这可怎么办？

很多家长都遇到过这类问题，这是因为孩子不懂的东西太多了。孩子对作业所涉及的知识点不了解，甚至连题目都读不懂，自然就提不出问题。

那么，我们该如何判断孩子是不是这种情况呢？这就需要我们在讲解题步骤时将每个知识点和孩子一一确认。如果这些知识点孩子大部分没有掌握，那就说明孩子正处于这种状态。举例来说，对于分数计算题，我们可以跟孩子确认分数计算分为哪三步，通分是什么意思，最小公倍数怎么求，因子是什么等。如果大部分问题孩子都回答不上来，那就说明孩子在这一知识点上的基础较差，需要弥补。在这个过程中，我们需要注意以下几点。

追根溯源，挖到底

孩子因为某道题所暴露出来的问题可能只是冰山一角，还有更多没有被爆出来的问题隐藏在背后。举例来说，当孩子不会做分数的加法计算时，从表面上看，这是因为孩子没有掌握分数加法的步骤。然而，深挖的话，你可能会发现孩子不仅没有掌握通分，还不知道什么是因式分解，甚至连除法都不熟练。

只有挖到底，我们才能找到问题的根源。找到了根源，我们才能帮助孩子巩固基础，然后再逐一突破上层的知识点，最后回归最初的题目。

关注目标，不贪多

在深挖根源的过程中，很多家长都过于匆忙，总想早点回归到题目本身。他们大多认为自己的孩子并没有那么差，相关的基础知识应该都会了，死抠一个题目的话太浪费时间。趁着孩子现在想学，还不如多讲几道题。我在此奉劝各位家长千万不要有这样的想法！孩子基础不牢固就无法真正理解题目，就只能采用背题的笨法子。

孩子的记忆力都很强，可以在几分钟内背会一道题。所以他们看似轻松地解出了某道题目，实际上只是默写出了我们提供的步骤。再次遇到同类型的题目时，孩子还是做不出来。

保持平和，不愤怒

一旦发现很多知识孩子根本没有掌握，一些家长会表现得很愤怒：这孩子怎么会这样呢？这还是自家那个聪明伶俐的娃吗？当我们表现出这些情绪，孩子会感到恐慌，不再愿意暴露自己的不足，这会导致我们更难发现孩子身上存在的问题。

所以，我们需要保持平和的心态，客观面对。孩子的问题被暴露出来其实是一件好事，这意味着我们可以趁机解决这些问题，而不是让这些问题继续影响孩子的学习。有问题早发现是好事，尤其是底层问题，因为底层问题被发现得越早，修复的成本就越低，后续带来的影响也越小。

4.3.2　孩子抓不住重点

小远一做作业妈妈就发愁，因为一遇到稍微复杂的题目，小远就束手无策。而且在描述自己的问题时，小远总是东扯一句，西扯一句，搞得妈妈晕晕乎乎。只有看过题目，妈妈才知道小远问的是什么。在讲题的时候，妈妈每讲一个知识点，小远都能说出个一二三来，但将这些知识点放到一起，小远就犯难了。

从表面来看，小远没有抓住解题的重点——解题思路。但根本原因是，小远并没有真正理解每个知识点之间的联系。所以虽然他记住了每个知识点，也能搞定一些基础题目，但遇到复杂的题目就不行了。因为复杂的题目涉及的知识点较多，并且需要将它们组合起来综合应用。

所有的知识点都不是孤立的，而是互相联系的，它们构成了一个完整的体系，一切解题过程都是对这个体系的应用。例如，分数的加法运算分为通分、加法和约分三步。其中，通分需要先求出所有分母的最小公倍数，求取最小公倍数则需要找到所有分母的约数，而约数又与整除概念相关。

如果孩子只是单纯地知道整除、约数、最小公倍数、通分，却不能把这些知识点联系起来，就无法进行分母不同的分数之间的加减法运算。如果让他们提问题，他们也只能从知识点本身说起，而不能将其串联起来，给人一种抓不住重点的感觉。

要解决这个问题，我们就要在讲解题目的同时帮助孩子串联起知识点。传统做法就是让孩子大量地做题，并在做题的过程中总结。还有一种更好的方式是主动寻找知识点之间的联系，并以图形的方式进行梳理，具体操作方法如下。

首先，我们需要梳理出解题思路。例如，分数加减法的解题思路就是“先通分，再计算，最后约分”。其次，我们需要分解解题思路中的各个步骤。最后，我们将每个步骤涉及的相同知识点进行归纳合并，就得到了一个知识关系图，例如，通分和约分这两个步骤都涉及约数和整除。最终我们就得到了一个分数加减法的知识关系图。

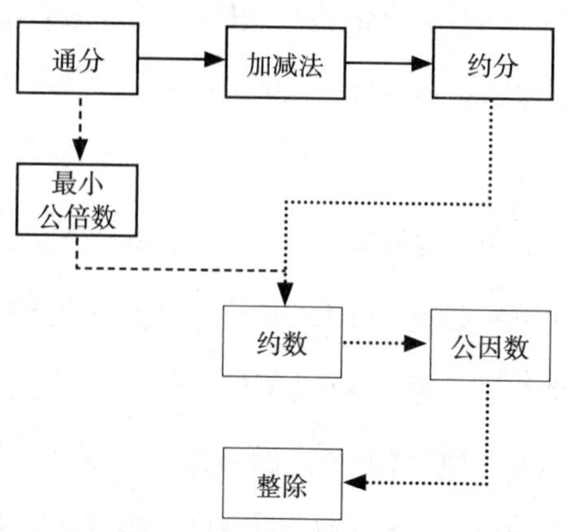

有了这个关系图，孩子不仅可以梳理出解题思路，还可以将不同的知识点串联起来，了解不同知识点之间的依赖关系。

了解了这些内容以后，当孩子再遇到这种问题，就知道自己卡在哪个环节，知道自己无法对哪些具体的知识点建立联系。有了这种认识，孩子就能很清楚地描述自己的问题了。

4.4

令人揪心的抄答案

孩子总是抄答案该怎么办？大多数家长都会选择批评孩子，责令改正。但是，这个方法并不总是有用，因为我们只看到了结果，没有看到其中的原因。要想从根源上解决这个问题，我们就要分析孩子为什么会这样做。

4.4.1 我们做了坏榜样

小宝升入了四年级，妈妈感觉在作业辅导上越发吃力了。很多时候，对于小宝提出的问题，妈妈也是一头雾水。幸好有人向妈妈推荐了一款搜题 App，每次遇到不会的题目，妈妈就直接搜索答案，供小宝参考。然而没过多久妈妈就发现小宝“变坏”了，只要遇到不会的题目，他就直接抄答案，根本不自己思考。面对这种情况，我们该怎么办呢？

在批评孩子之前，我们应该先做自我检讨。有时，正是我们做出了错误的示范，孩子才会做出错误的行为。在上面的例子中，孩子会想：既然妈妈对于不会的题目都是直接搜答案，那我是不是也可以这样做？我把答案抄到作业本上，是不是也算完成作业了呢？

孩子试着这么做以后，感觉不仅节省了很多时间和精力，而且妈妈也没说什么，很快就习惯了这样做。等到我们发现后再去批评孩子，他们会感到委屈，因为他们觉得这都是跟我们学的。想要避免这个问题，家长就应该以身作则，给孩子树立一个好的榜样。遇到自己不会的题目，我们有三种选择。

承认自己的不足

大部分家长都需要上班，并没有太多的时间学习。面对越来越复杂的作业题目，我们很难为孩子提供直接的帮助。这时，我们就要向孩子说明情况，承认自己的不足，并让他们明白我们搜答案并不是要让他们直接抄，而是在帮助他们收集资料，供他们参考。孩子明白了原因，就不会盲目地模仿。

主动学习

对于全职在家的父母，由于拥有充足的时间和精力，可以跟着孩子的学习进度同步学习。在这个过程中，家长不仅能重新掌握知识，还能了解孩子在学习中遇到的问题。通过主动学习，家长不仅可以给孩子提供更多直接的帮助，还能为孩子树立一个努力学习的好榜样。孩子看到了，自然会模仿我们的行为，认真学习。

让孩子当老师

有时候，我们可以让孩子扮演老师的角色，主动向孩子请教问题。大多数孩子都有强烈的表现欲，为了在父母面前展现自己的能力，他们会主动思考，努力去理解每个知识点。这也是当下非常流行的费曼学习法的核心——输出倒逼输入。另外，这个讲解过程还能促进亲子关系，让家庭氛围变得更加温暖、融洽。

4.4.2 孩子的作业太多

老师给妈妈打电话说小宝抄同学的作业，妈妈心想：这不应该啊！小宝学习挺好的，怎么会抄别人的作业呢？于是，妈妈就去质问小宝："你为什么要抄别人的答案？"小宝低着头说："作业太多，写不过来。"妈妈生气了："那也不能抄啊！抄作业就是在骗老师，也是在骗自己。"小宝听完妈妈的训斥，不情不愿地"嗯"了一声。

出现这种情况的一个原因是老师、家长、孩子对作业的错误认知。作业的根本作用是帮助孩子巩固所学的知识，并验证孩子对知识的理解。然而，大部分人都只看到了作业的验证作用，而忽视了它对知识的巩固作用。

这就导致了各种错误行为的出现。例如，一些家长和老师只注重作业的完成率和正确率，却忽视了孩子完成作业的过程。当作业太多的时候，很多孩子就会走"捷径"——抄答案，这就等于放弃了作业对知识的巩固作用。想要避免这种情况，我们需要从以下两个方面着手。

强调过程，弱化结果

只有孩子认真完成的作业才能起到验证所学的作用。如果孩子做作业时敷衍了事，那作业就根本反映不出孩子对知识的掌握情况。所以，我们要引导孩子认真读题，尽全力作答，而非追求完成的数量。

对于抄写类的作业，我们要让孩子多思考、多理解，避免不动脑子的机械抄写。例如，抄写单词时，第一遍抄写，我们可以让孩子发声朗读；第二遍抄写，可以让他回想词义；第三遍抄写，可以让他回想词性、时态、单复数形式等。

梳理作业，安排时间

很多时候，孩子完不成作业的原因在于时间安排不当。大多数孩子都将所有的作业堆在晚上写，导致他们没有足够的时间全部完成。家长可以根据作业量和提交时间建议孩子利用午休时间和下午的活动时间分别完成一部分作业，并将背诵作业安排在第二天早上完成。

这样一来，孩子晚上写作业的压力就会减少，遇到难题，也能静下心来慢慢思考，而不是急于抄答案。

4.4.3　孩子太贪玩

小宝每写一会儿作业就抬头看看窗外玩耍的小朋友们，妈妈见状，起身把窗帘拉上，并警告小宝："写不完作业，不许出去玩儿！"看到小宝开始老老实实地写作业，妈妈就出去忙其他的了。过了半个小时，小宝喊了句"妈妈，我完成作业了"，就抱着足球下楼了。

妈妈拿起习题册开始检查，小宝虽然字写得潦草，但每道题都做对了，这已经很难得了。不过，这道题怎么少写了几步，还能得出答案呢？妈妈有一种不好的预感，开始四处翻找小宝用过的草稿纸。果然，小宝根本没用草稿纸。看来，小宝是抄答案了。看着在广场上疯跑的小宝，妈妈感到一阵头大：这孩子怎么这么贪玩儿呢？

爱玩是人的本性，与需要动脑思考的作业相比，玩耍的吸引力明显更大。要想避免孩子因贪玩而轻视作业，我们可以从作业入手，让孩子写作业的过程变得相对轻松一些。

控制作业的难度

遇到太难的题目，孩子会直接放弃，而对于太简单的题目，孩子又会觉得无聊。孩子只会对难度适当的题目感兴趣。所以，我们要注意孩子对作业难度的反馈。如果孩子觉得作业比较难，我们应该让孩子先复习，熟悉了题目所考查的知识点后再做作业。如果孩子觉得作业太简单，我们就需要采取一些策略来提高作业的难度，例如，鼓励孩子在更短的时间内完成他认为简单的计算题，或者寻找第二种、第三种方法来解题。稍微提升难度，可以激发孩子的挑战欲，这样一来，孩子就会有兴趣去完成作业了。

变换作业的形式

很多作业的形式都很枯燥，如大量的计算题。为了完成这类作业，孩子需要不断地重复做一件事，这很容易让他们厌烦。这时候，我们可以变换一下作业的完成形式，比如以游戏的形式帮助孩子完成作业。

比如，孩子的作业中有 50 道计算题。我们可以采用问答的形式来完成。也就是互相问一道计算题，然后让对方判断答案是否正确。我们可以故意答错一两次，这样，整个过程就变得好玩起来了。因为无论谁问谁答，孩子都要计算一遍，所以我们不用担心孩子漏做题目。

拆解量大的作业

当作业量太大时，再有趣的作业形式也会变得重复无聊。这时候，我们需要将作业拆解开，分批次完成。例如，寒暑假作业往往有几十页，我们可以将其拆分为十个部分，让孩子每隔一天完成一部分。这样，孩子每次只需完成几页作业，就不会觉得枯燥了。

第5章

作业改错篇

孩子写作业的时候难免出错，其实这是很正常的，我们需要注意的是孩子出错后的反应。有的孩子根本不承认错误，有的孩子认错了却不改正，也有的孩子虽然改正了错误，却总是再犯……对于这些问题，我们该如何解决呢？

5.1

为什么孩子不承认错误

如果孩子不承认错误，我们该怎么办呢？不要只顾着愤怒，我们要仔细分析其中的原因，才能着手帮孩子解决问题。

5.1.1 孩子的能力感缺失

小红好不容易完成了数学作业并交给妈妈检查，妈妈检查出了两处错误，哪知小红看都没看就说："我没错！"妈妈啪的一声就把答案拍到了桌子上。没想到小红还在嘴硬："我没做错！你的答案是错的！"妈妈立马就火了："答案都摆到眼前了，你怎么睁眼说瞎话呢？"

妈妈不知道的是，小红的作业完成得不顺利，她已经感觉到自己的能力有缺陷了。所以妈妈越是强调她的错误，她越是要对抗妈妈的“攻击”。要解决这个问题，我们可以按照以下三个步骤进行。

平复情绪

家长看到孩子出错以后很容易上火，并无形中把自己的焦躁情绪传染给孩子。孩子一旦受到这种情绪的影响，就没法理性地看待自己的错误，甚至会用更加情绪化的方式来对抗我们。所以，作为家长应该先平复自己的情绪。

肯定孩子

我们可以通过肯定孩子在作业中做对的部分来满足他们的能力感需求，比如统计孩子做对的题目有多少道，或者正确的部分有多少页，以及本次完成作业的时间比上次少了多少。这些明确的数据比较可以让孩子感到他很有能力，或者比以前更有能力了。一旦孩子的能力感得到满足，他们就会放下防御的“盾牌”。

期待更好

每个人都希望自己能变得更强，因此，我们不要强调孩子现在犯的错，而要强调改正后的效果。我们可以对孩子说：“把这两道题目改正后，你的作业就完美了，可以打满分了。”

所以，当孩子做作业不顺利的时候，我们要先稳住自己的情绪，给孩子多点表扬，少点批评。发现孩子出错不要揪着不放，而要鼓励孩子改正错误，拿到全对的结果。

5.1.2 孩子害怕后续的惩罚

小勇做计算题总出错，为了让他认真点，妈妈想出了一个奖惩制度：如果所有的题都做对了，就奖励小勇出去玩两个小时；如果出现错误，就惩罚小勇多做 5 页计算题。这个方法还真见效。小勇做题认真多了，错的也少了。但新的问题又出现了：当妈妈指出小勇的错误时，他总是不吭声，或者假装没看见。

这是因为小勇害怕后续的惩罚。逃避是人的一种本能反应，我们都不愿意直面即将到来的危险，因此会采用各种方法去逃避。小勇不承认错误、假装没看见的行为，就是一种逃避。

在大部分人看来，有奖有罚是理所当然的事情，很多老师和家长都喜欢把奖惩制度作为约束孩子的一种手段。但有时，惩罚措施过重，反而起不到应有的作用。如孩子一个单词没记住就要罚抄 20 遍，这种惩罚不仅违背了认知规律，也超出了孩子的承受范围。下次孩子一旦犯错，就会下意识地否认错误，也就没有改正错误这一说。

正确的惩罚方式一定是让孩子能够接受，并且不会引发他的恐慌情绪的。这样，孩子就能客观地面对错误，改正错误。如果我们认为孩子还没有真正理解题目，可以让他再做一道类似的题目加以验证。但更好的方式是奖励孩子改正错误的行为，举例来说，如果小勇能够将错题全部改正确，就奖励他出去玩一个小时，如果下次不出错，就奖励他玩一次手机游戏。这样一来，孩子就敢于承认自己的错误，也有动力争取做到全对。

5.1.3　孩子自认为正确

妈妈检查小磊的数学作业时看到了一个让她哭笑不得的答案，在一道计算角度的题目中，小磊写道：通过量角器测量，∠2 的度数为 45° 。虽然结果是正确的，但几何计算题哪能这样做呢？这方法明显是错了。妈妈让小磊重做，小磊不乐意了：“凭啥说这么做是错的？老师专门教过我们使用量角器。”

像小磊这样不按要求作答的孩子比比皆是，即使得到的答案没有错，但没有用到解题的常规步骤，所以大部分家长都会按照错题来处理，要求孩子改正。这时候，孩子往往会非常抵触，就是不肯承认错误。因为他们觉得自己的方法有效，凭什么要判错，而且还要重新做。家长和孩子针锋相对，互不认可，很容易产生冲突。遇到这种情况，我们可以这样做。

认可孩子的方法

一题多解是普遍现象，只要是孩子通过自己的努力得出的，我们就应该予以认可。虽然小磊的解题方法很另类，但在逻辑上是正确的，我们就要接纳。这样做有两个好处。首先，它可以消除孩子的负面情绪，如果我们不认可孩子的解题方法，孩子为了保护自己会采取防御态度，不接受我们的建议。其次，这样做保护了孩子的横向思维能力——孩子的做法看似“另类”，但也显示出了他的别出心裁，这种横向思维可以让他将不同的知识点串联起来，建立起更为广阔的知识体系。所以，只要孩子的解题方式恰当合理，我们就要予以认可，甚至要表扬。

找出方法的局限性

虽然说条条大路通罗马，但并不是所有的道路都是理想的，解题方法也是如此，看似快捷的解题方法都是有一些前提条件的。拿小磊的方法举例，这种方法要想有效，首先，题目给出的图必须足够精准；其次，小磊的手边必须刚好有量角器；最后，题中要求的角度刚好可以手工测量出来，如果遇到一个 32.33° 的角，小磊就没办法了。所以我们认可了孩子的解题方法之后应该再提出一些其他限制情况，激发孩子的好奇心，引导他们尝试常规的解题方法。

将两种方法结合起来

当孩子接纳了常规解法以后，我们要引导孩子对两种解题方法进行比较。例如，使用常规解法可以得出精确值，但步骤比较多；使用量角器直接测量虽然得不到精确值，但速度足够快。

我们可以将不同的解题方法组合起来，如先使用常规解法求解，再使用量角器进行验算。这样，孩子既保留了自己的另类解法，获得了能力感，又掌握了常规解法，学到了新知识。

5.2
如何应对孩子不愿意改正错误

有时候，孩子知道自己错了却不愿意改正，这是为什么呢?

5.2.1 孩子不愿意马上改

妈妈在小宝的作业中发现了一处错误，就指给他看。小宝看了一眼，应付了一声，就继续做手头的作业。妈妈有点儿不高兴地说："你怎么不改？"小宝头也不抬地回道："我过一会儿改。"妈妈生气了："上次你就是这样，说'过一会儿改'，结果最后给忘了。老师还专门给我打电话……"妈妈吧啦吧啦说了一大堆，小宝才不情不愿地改了。

孩子为什么总是这么不听话呢？要回答这个问题，我们就要考虑以下几个方面。

孩子和家长的冲突来源

孩子有自己的作业计划，如果他正在做其他作业，而家长却让他马上修改错题，孩子就需要停下手头的事情。在这种情况下，孩子会感觉不舒服，因为家长的行为影响到了他的自主感，自主感长期受损会产生严重的后果。孩子可能会认为学习与自己无关，而是父母的事情，既然与自己无关，那自然就不需要用心了。

孩子不马上改错的时候我们为什么会不高兴？这是因为我们的预期——孩子会马上行动起来——这一目标没有实现，导致我们的掌控感受损。其实，理性思考一下，我们真正想要的是孩子改正错误，至于是马上改，还是等一会儿改，是无关紧要的，没有必要非得让孩子“听话”。

改正错误的时机

孩子改错早晚有区别吗？很多人认为，马上改就是“趁热打铁”，肯定效果更好，但事实并非如此。从记忆学的角度来看，如果缺乏巩固，任何记忆都会逐渐淡化，并且间隔性巩固比集中巩固更有效。

做作业是对所学知识的一次巩固复习，改错则又是一次。所以，在一定时间内，晚一点改正错误的效果可能比马上改更好。

对注意力的干扰

有些家长会故意把错题放到孩子旁边，并且不时地提醒孩子，害怕孩子会忘记改错。实际上，这严重干扰了孩子的注意力，孩子每看见一次，就需要停下来做一次判断：是继续写当前的作业，还是去修改错题呢？

这个时候，如果家长还在旁边不断地提醒，就会让孩子越发地困扰：妈妈已经提醒两次了，我要不要停下手头的作业先去修改错题呢？如果我现在不修改，妈妈会不会提醒第三次？这样，孩子的精力都被消耗在这些细枝末节上了。

所以，如果我们发现孩子的作业有问题，不要急着让孩子马上修改，只需用铅笔做好标记，然后把作业放到一边并对孩子说：“作业完成得不错，只有几个小错需要改正。等你写完作业，再统一修改吧。”

5.2.2　孩子嫌改正步骤太烦琐

妈妈正陪着小宝检查作业，小宝发现自己第三道计算题做错了。他顺着计算步骤检查，很快就找到了出错的地方。他刚要在原来的基础上修改，妈妈就发话了：“既然错了，就重新做一遍。不要偷懒！”小宝瞅瞅后面一大片的计算过程回应道：“只是小数点的位置错了，改过来就行了，没必要重写吧？”妈妈厉声道：“不行！”小宝抬头看看妈妈的脸色，只好低着头说：“哦，那我先写作文吧，写完之后我就改。”第二天，妈妈发现小宝根本没重做，只是在原来的基础上做了修改。小宝为什么就不愿意把题重新做一遍呢？

小宝和妈妈各有各的理，小宝觉得，只是错了一小部分，改过来就可以了，重写一遍太浪费时间了。妈妈却认为，重写不仅有助于加强记忆，还能让小宝以后更认真，避免犯同类的错误。那么谁的观点更正确呢？对于这个问题，我们需要从以下三个角度进行分析。

页面呈现角度

很多时候，我们不希望孩子在错题上直接修改是为了保持页面的整洁。在错题的基础上修改势必会造成页面杂乱，自己看着不舒服，估计老师也不会喜欢。小时候，为了追求作业页面整洁，我们甚至会把出错的那页撕掉重写，现在回想起来觉得这个做法有些不妥。

作业的本质之一在于检查我们对知识的掌握情况，所以出错很正常。即使重写一遍错题，也可能会因为遗忘再犯同样的错误。如果仅仅为了页面整洁就不允许作业中出现错题，那到了复习的时候，我们又如何知道自己犯过哪些错误呢?

花费时间角度

即使是简单的题目，重写一遍也需要五六分钟，复杂的题目甚至需要十几分钟，所以，重写一遍是非常浪费时间的，尤其是在作业量比较大的情况下。

另外，孩子发现作业出错后会感到非常好奇，想知道自己为什么错了。这个时候，大脑会进入一个短暂的兴奋期，记忆力会变强。如果我们强迫孩子重写一遍，就会错过这个高效学习的好时机。

细节对照角度

要想让孩子记得牢，就需要给他提供足够多的细节。如果让孩子把错题重做一遍，孩子记住的更多是改正后的样子。但如果让孩子在错题的基础上修改，孩子就需要确定哪些地方需要改，哪些不需要改。这就要求孩子明确区分正确的解答过程和错误的解答过程。这种对照会产生足够多的细节，这些细节不仅能够加强记忆，还可以让孩子深入理解每个知识点的应用。

所以，我们要允许孩子在错题的基础上改正错误。这样不仅可以节省时间，还可以帮助孩子加深对知识点的理解和记忆。如果担心页面的美观问题，可以让孩子使用一些修改工具，如涂改液、涂改纸带等。

5.2.3　孩子认为错误很小

妈妈在陪小甜做生字默写作业。妈妈每发现一处错误就会给小甜指出来：这里少了一个点，那里多了一横……小甜改了几处之后就不愿意修改了，嘴里嘟囔着："太无聊了，这些都是小错，我知道就行了。"妈妈看到小甜不耐烦的样子就很生气，批评道："别偷懒！再小的错误也是错误。你不改正，下次还是会错。"既然知道错了，为什么小甜不愿意改呢？

这并不是小甜偷懒，而是在她眼里，这些错误都太"小"了。出现错误时，我们都会感到好奇，然后会想要做点什么。但如果错误十分细微，比如小数点点错、字的部首错误，或者把句号不小心写成逗号等，小甜只要看一眼就能明白，好奇心也就随之消散了。这时候，大脑会认为这件事已经完成了，也就没有动力去修改了。但是不改的话妈妈又不同意，小甜只能不情不愿地去修改。"被迫"修改的次数多了，小甜就有了抵触情绪，并开始发牢骚。

正确的处理方法有两种。

积攒小错误

小错误能引发的好奇心非常有限，孩子也不愿意在这上面花费太多功夫。这个时候，我们需要将这些小错误积攒起来。举例来说，妈妈可以在小甜默写完所有的生字后统一检查，然后将写错的生字一次性标出来。

面对单个写错的生字时，小甜只会思考这个字为什么写错了，而面对很多错字时，小甜就会思考，要不要多写几遍呢？这种内在的自驱力会让小甜更有动力去改错。

扩大信息差异

小错误之所以“小”，是因为正确答案和错误答案的差别很小。如果我们将这种差别放大，孩子的好奇心就不那么容易被满足了。

拿生字举例，“候”少写一竖就变成了“侯”，那么这一竖之差带来了什么样的变化呢？首先，读音发生了变化。“侯”有两个读音，分别是“hóu”或“hòu”，而“候”字只有“hòu”一个读音。其次，意思发生了变化。“侯”字的意思比较少，一般指能力高强的男子，也用作爵位名称，而“候”的意思就比较多了，指守望、侦察、征兆、时节等。最后，字的用法和组词也发生了变化。

一个简单的笔画差异就造成了读音、意思、用法的多重变化。这些差异足以引发孩子更大的好奇心，进而驱动孩子完成修改工作，并自发地学习相关的知识，加深对知识点的理解和记忆。

所以，遇到小错时，我们不要强迫孩子立刻修改，可以将多个小错误放到一起让孩子一起改，也可以引导孩子做一些思考。例如，少写一笔，字形会有什么样的变化？小数点写错了位置，前后数值会发生什么样的变化？单位没有加括号，又会产生哪些影响呢？

5.2.4　孩子还是不会做

作为曾经的学霸，小宝妈妈在辅导小学作业方面十分得心应手，她不仅能发现小宝出错的地方，还能分析出错误的原因。这次，妈妈又发现了小宝的一个错误。这道题需要用方法 A 来求解，小宝却用了方法 B。妈妈仔细地讲解了一遍方法 A 和方法 B 的适用范围，并确认小宝已经听明白了。

结果，小宝就是不动笔。妈妈有点着急了："既然明白了，那就抓紧改吧。"小宝"嗯"了一声，却还是不动笔。妈妈等了几分钟，只能生气地又解释了一遍："由于缺少必要条件，所以不能用方法 B，只能用方法 A。"看到妈妈的脸色越来越严肃，小宝开始紧张了，可是他紧攥着笔，却一个字都写不出来。妈妈急得直拍脑门，这可怎么办呢？

妈妈觉得自己讲得清楚，小宝也觉得自己听得明白。可是，小宝就是动不了笔，这是怎么回事呢？问题在于小宝并没有真正地理解。这种情况很普遍，孩子理解的只是家长所说的话，并没有理解背后的道理。例如，我们给孩子讲 a 大于 b，b 大于 c，所以 a 大于 c，孩子明白的只是字面意思，并没有理解语言背后所隐藏的不等式的基本性质——传递性。

面对这种情况，家长们经常会急着给孩子继续讲解，期待孩子能一下子理解。然而，这样做的效果往往并不好。我们的嗓门越来越高，孩子也越来越紧张，什么也做不出来。那么，正确的做法是什么呢？

（1）平复自己的情绪。面对错题，孩子已经很着急了，如果我们再进行批评，只会让孩子更紧张，阻碍孩子进行理性思考，影响孩子对知识的理解。

（2）跳过当前问题。如果孩子一直无法理解，意味着孩子可能掉入了思维陷阱。这时候，可以让孩子先放下这个题目，去完成其他的学习任务，给孩子一个转换思维的机会和足够的消化时间。

（3）重新梳理思路。我们应该陪着孩子，让他自己梳理一遍思路。如果孩子在某个地方卡住了，就给他一个简单的提示。如果孩子还是无法向下推进，则意味着这里是一个问题点，我们可以针对性地帮助孩子解决。

（4）求助老师。如果不管我们怎么努力，孩子都无法理解，那么我们就需要向老师求助。在教学方面，老师更有经验，可以针对孩子的问题给出更容易理解的讲解。

5.3

为什么又粗心了只是一种借口

很多家长和孩子都把出错的原因归结为“粗心了”，似乎它能解释所有问题。但是，孩子真的是因为粗心而犯错的吗？千万别让这个理由把真正的原因掩盖了。

5.3.1 孩子没有掌握

妈妈正在帮小雨检查词语填空，发现小雨把“辩论”写成了“辨论”，生气地训道：“怎么又在这里错了？上次你就把‘辩’字写错了。”小雨一想，确实如此，于是挠着头说：“哎呀，又粗心了。”听到小雨这样解释，妈妈只觉得脑仁儿疼。每次都说是粗心，却总也改不了，这可咋办呢？

小雨所说的“粗心”其实是一种表象，本质上是小雨还没有掌握这个知识点，根本不知道“辩论”的“辩”字该怎么写。如果妈妈让小雨自己检查，她是发现不了错误的。即使妈妈把出错的地方给她指出来，她八成还得靠猜：这里填“辨”是错的，那应该填“辩”，还是“辫”？

为什么孩子把出错的原因归于“粗心”呢？小雨是这么考虑的：“辩”与“辨”只是改两笔的事儿，这就是一个小错误，自己本来是会的，只是“粗心”才写错了。

这种错误的归因很容易导致孩子重复犯同样的错误。这一回，小雨把“辩论”的“辩”写错了，下次，她就可能把“辨别”的“辨”写错，因为她根本区分不了这两个字。为了避免这类问题，我们需要帮助孩子搞清楚以下问题。

为什么对

大部分情况下，对都有对的理由。比如说“辩论”的“辩”字为什么这样写呢？这是因为“辩论”表示的是几个人通过说话的方式进行讨论，所以两个“辛”字中间应该是“讠”。如果小雨理解不了这一点，就只能一个词一个词地死记硬背，下次遇到“辩护”“辩驳”“辩白”之类的词还是得靠猜，就又会出现“粗心”的情况。

为什么错

既然对有对的理由，同样地，错也有错的理由。一个字在这里是错的，不代表在其他地方也是错的。例如，用“辨”和“论”组词是错的，但“辨”和“别”组词却是对的。如果小雨找不到错误的原因，她就不敢再使用“辨”字。这会导致她在其他地方也犯“粗心”的错误。

所以，小雨不仅应该知道“辩”为什么是对的，还应该知道“辨”为什么是错的。“辨”字中间的一点和一撇其实是一把刀子，这个字表示剖开某个东西以进行分析和区分。“辨证”“辨析”“辨认”这些词都包含了区分的意思。

加强巩固

对于此类情况，孩子往往认为都是小错，改过来就行。而家长则认为，这都是孩子粗心造成的，只要认真一些就行了。由于家长和孩子双方的重视都不够，即使孩子完成了以上两步，下次还是容易忘。

所以，对于此类错误，我们要定期帮助孩子复习巩固。举例来说，我们可以要求孩子把以上两步所涉及的知识都整理出来，放到错题本中，定期进行复习。

5.3.2 孩子的熟练度不够

妈妈又生气了，这一次，小宝居然把五道计算题算错了两道。5 乘以 6 得出来 36，2 乘以 3 得出来 5。这样看来，小宝不仅是乘法没学会，还把乘法和加法混淆了。当妈妈把错误指出来时，小宝也意识到了不对。妈妈批评小宝不认真，太粗心了，小宝也无话可说。然而，这真是小宝粗心了吗?

五道题错了两道，还都是同一类型的错误，这不是粗心，而是小宝对于乘法运算不够熟练。我们经常认为，孩子一般不会在简单的题目上出错，如果出了错，那一定是孩子粗心了。这其实是一种偏见，我们总是按照自己的标准来判断事情的难易程度。

在我们眼里，做 100 以内的四则运算是极其简单的事情，但对孩子来说并非如此。当孩子不够熟练的时候，再简单的事情都会变得无比困难，容易出现各种错误。那么，如何判断孩子犯的错是不是由不熟练而导致的呢?

我们可以仔细观察孩子做题的速度和下笔的果断程度。如果孩子做题的速度慢，下笔犹犹豫豫，甚至改来改去，那就说明孩子还不够熟练。因为如果孩子很熟练，那么他读完题目之后，稍微一停顿，就能写出答案。只要能认定错误是孩子不够熟练所导致的，我们就可以针对性地进行解决。

弥补基础知识

不熟练基本上是因为基础知识不牢固。举例来说，小宝算错乘法题是由于没有很好地掌握九九乘法表，写错汉字是因为没有掌握汉字构成的各种规律。这个时候，我们不仅要帮助孩子纠正当前的错误，还要帮助他们弥补基础知识。

进行大量的练习

弥补完基础知识后，我们还要鼓励孩子再进行几次同类型的练习。练习不仅可以帮助孩子理解基础知识，还能减轻学习基础知识的枯燥感。为此，我们可以准备几本不同的练习册，并从中找一些对应的题目供孩子练习。

练习要间隔进行

若孩子每出现一个错误，家长就让孩子练习十几次，这样做不仅枯燥，效率也极其低下。从记忆的角度来看，正确的做法是将练习分解到几天内完成。例如，让孩子当天完成两次练习，第二天再进行两次练习，然后第四天和第七天再重复同样的练习。这样，孩子不仅不会觉得枯燥，还能记得更牢、理解得更深。

5.3.3 孩子精力不足

妈妈检查完女儿蓓蓓的计算小测验，终于露出了一点笑容。蓓蓓做了 30 道题目，只错了 4 道。这次进步还是挺大的。妈妈把错误的算式圈了出来，蓓蓓马上就把正确的答案写出来了。看样子，蓓蓓并不是不会，只是粗心了。但是，按照现在的出错比例，蓓蓓很难在考试中拿到 90 分以上。想到这里，妈妈又开始发愁了。

我们经常会在孩子身上看到类似的情况。同一类型的题目，孩子大部分时候能做对，有时候又做不对。一旦家长将错误指出来，孩子又能立马改正。仔细观察的话，我们还会发现一点小规律——此类错误出现的地方往往比较集中，基本是在作业的中间或者末尾。

如果家长在检查作业时发现了这种情况，则意味着孩子在做作业的时候精力不足。学习是一项很耗费精力的任务，尤其是写作业——孩子的大脑需要不断地接收信息，然后对信息进行复杂处理，才能求得答案。在面对大量同类型的计算题时，大脑很容易疲惫，慢慢地，题目中需要进行的验证，大脑会自动忽略；需要考虑的进位，大脑会不自觉地放弃。面对这种情况，我们可以从以下三个方面着手解决。

保证按时休息

只有充分休息才能保证大脑处于最佳工作状态。首先，我们要保证孩子中午和晚上的睡眠，尤其是要避免熬夜写作业。其次，在晚上写作业之前，可以让孩子小睡 20~30 分钟，因为经过一天的学习，孩子的大脑已经处于疲惫状态了，适当的小睡可以让大脑恢复活力。最后，每写 30 分钟的作业就让孩子休息 5 分钟，但这 5 分钟不要让孩子在桌子前坐着，而是让他起身活动，喝点水或者上个厕所。

加强体育锻炼

充分的运动可以带来多种好处。首先，运动可以让孩子感到快乐，拥有一个好的心态，进而帮助孩子应对写作业过程中的各种挑战。其次，运动可以促进大脑发育，让大脑可以处理更复杂的学习任务。最后，运动还可以提高心肺功能，使大脑获得更多的能量供应。

完善检查机制

在写作业的时候，孩子会下意识地检查，以验证每个步骤的正确性。例如，孩子计算 5 乘以 6 时会下意识地判断结果是不是偶数，如果大脑处于疲惫状态，这种检查就可能被省略，从而出现错误。

为了避免这种情况，我们应该帮助孩子完善检查机制。一方面，我们可以帮孩子寻找更多的检查方法。例如，5 乘以 6 的结果不仅是偶数，还应该是 5 的倍数，所以结果的最后一位必须是 0。另一方面，我们要将这些检查机制培养成孩子的习惯，而不是偶然的行为。

有了这些机制后，孩子每次计算完，只需花上几秒就能验证答案的正确性，从而有效避免粗心错误。

5.3.4 孩子丢三落四

这错得也太离谱了！妈妈看着手里的练习册就来气，这道题目总共有三问，小宝只答了两问，第三问写了个开头就跳到下个题目了。别人家的孩子都是不会做才空着，而小宝是会做却忘了做，这也太丢三落四了！想到这里，妈妈愁得直皱眉头。

很多孩子都有丢三落四的毛病。例如，在抄写课文的时候，有的孩子会把一整行都漏掉；有的在做分数计算的时候忘记最后的约分步骤；也有的在做英语时态的填空题时总是忘记过去分词的变形。这时候，只要我们稍微提示一下，孩子自己就能改正，所以家长们大多将这些表现归结为“孩子粗心了”。那么为什么会出现这种情况呢？

这是因为孩子做作业的时候被干扰了，这种干扰可能来自外界，也可能来自孩子自身。像厨房传来的做饭的响声、书桌上摆放的玩具、家长进入孩子房间所造成的声音都属于外部干扰。像孩子口渴了、想起明天要穿校服、胳膊压得疼这些都属于内部干扰。当孩子排除完各种干扰，将注意力重新聚焦到作业上之后，就有可能忘记刚才正在做的事情，导致作业出现各种纰漏。想要避免这种问题，家长们需要制定一些策略来帮助孩子对抗这些干扰。

减少各种干扰

想要避免孩子注意力分散，首先要从根源上减少干扰。为此，家长应尽量让孩子在自己的房间完成作业，而不是在客厅，并且把门窗关好，隔绝外界的各种声音。同时，家长还应该帮助孩子清理桌子，将与当前作业无关的东西都收起来。

其次，家长还应该为孩子准备舒适的桌椅，并将桌椅调整到合适的高度。我们还可以给孩子准备一个备忘录，如果孩子想起什么事情，就先写在备忘录上，避免总是想着这些事情。最后，我们也可以引导孩子养成一些小习惯，如写作业之前先上个厕所，并适当喝一些水。

建立应对机制

写作业的过程中难免会遇到干扰，面对干扰，我们可以帮助孩子建立一些应对机制。一方面，对于持续的干扰，可以让孩子放慢节奏。举例来说，如果窗外持续传来广场上的音乐声，可以引导孩子将其当作背景音，有意识地忽略，从而逐渐适应这种干扰。另一方面，如果孩子做作业的过程因为干扰而中断，要引导孩子在重新开始后先重复前面的步骤，找回先前的思路。

加强验算手段

我们可以让孩子学习并积累一些快速验算手段。例如，两个小数的积所附带的小数的位数，往往是这两个乘数所附带的小数位数的和，知道了这个规律，我们就可以发现错点的小数点。

5.4

孩子又忘了怎么办

“忘了”是孩子们出错时常说的另一个理由，对于这个理由，家长们比较无奈，只能说一些老生常谈的叮嘱，然后看着孩子又出错。为什么孩子的“忘性”这么大呢？

5.4.1 孩子的记忆碎片化

妈妈正陪着小梅背课文《铁杵成针》，全文总共才 45 个字，小梅却背得磕磕绊绊，总是需要妈妈提示。妈妈很生气：“昨天你不是已经能背下来了吗？怎么今天又成这样了？”小梅很委屈地说：“我又忘了。”

我们经常能遇到这种情况，尤其是在孩子背诵大段内容的时候。

明明昨天还背得好好的，今天就变得磕磕绊绊。孩子的脑袋里似乎藏着一个粉碎机，专门粉碎背过的内容。昨天还是一段完整的记忆，今天就变成了一堆碎片，后天就变成了一堆渣渣，什么都剩不下。该怎么办呢？

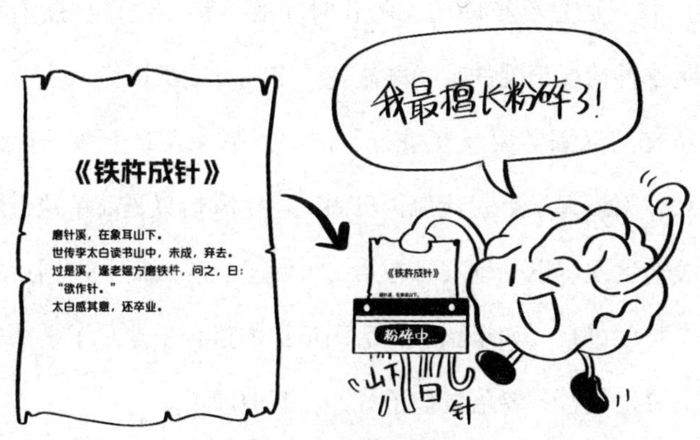

实际上，孩子的这种表现是正常的。我们无时无刻不在遗忘，这是人类的一种自然现象。例如，我们很容易忘记早上遇到了哪些人，说了哪些话，做了哪些事情，只能回想起一些零星的片段和人物的大致轮廓。等到第二天，我们可能会彻底忘记这些内容。

不过，我们仍会记得一部分内容。这些内容往往和我们有着某种联系。例如，我们会记得撞到自己的一个骑车的人，因为包上还留着剐蹭的痕迹。

这就是记忆的规律，我们会自然地遗忘很多信息，也会记住各种有联系的东西。所以，想让孩子记住各种内容，就要从以下两方面着手。

定期进行巩固

我们都有一种错误的认知，认为某件事情只要记住了就不会忘记。因此，只要孩子当前记住了，我们就不再要求他巩固。这种做法是错误的。记忆是不牢固的，随着时间的推移，记忆会逐渐变得模糊。避免这种情况出现的唯一办法就是定期反复巩固。

对记忆的巩固需要反复进行。例如，第一天晚上孩子记住了某些知识点，第二天早上就让他再巩固一遍，哪怕只是简单地重新读一遍。后续的巩固可以分别安排在第二天晚上、三天后、一周后、半个月和一个月后进行。如果孩子在巩固记忆的过程中遗忘了某些内容，我们也不要生气，只要陪着孩子背诵一两遍即可。

建立更多联系

很多孩子对课文的记忆只停留在文字表面。拿背诵来说，《铁杵成针》的第一句为“磨针溪，在象山下”。孩子背诵的时候就是逐字背：第一个字是“磨”，第二个字是“针”，第三个字是“溪”……这就是典型的死记硬背，字词之间只有先后的顺序关系，没有语义上的关系。

以这种方式形成的记忆很容易碎片化，要避免此类问题需要在字词之间建立更多的联系。所以，在背诵的时候，我们应该辅导孩子理解文中字、词、句的意思，孩子在理解之后才能在字、词、句之间建立起联系。例如，“磨针溪”是一条溪的名字，因人们在这里磨针而得名；“在象山下”说明了磨针溪所在的位置，象山是四川眉州的一座山。所以，第一句话交代了故事发生的地点。

5.4.2 孩子的记忆角度单一

妈妈正在检查佳佳的课文背诵：“下面背一下《枫桥夜泊》。”佳佳脱口而出：“《枫桥夜泊》，唐，张继。月落乌啼霜满天……”妈妈满意地点点头，过了一会儿，妈妈换了一种问法：“张继写了哪首诗？”佳佳一下子愣住了，想了大半天都没想起来，妈妈只能无奈地叹气。

佳佳脱口就能背出《枫桥夜泊》，还能说出作者姓名，怎么反过来问就想不起来了呢？这种现象不仅出现在语文、英语科目的背诵中，在数学的解题过程中也大量存在。例如，孩子能够根据三角形的两条边相等推断出该三角形是等腰三角形，继而推断出两个底角相等，却不能根据三角形的两个角相等，反推出该三角形是等腰三角形，以及存在两条相等的边。

这种现象的出现是因为孩子的记忆角度过于单一，每次都是按照固定的顺序进行记忆。要解决这个问题，可以打乱文字表述默认的顺序。例如，佳佳背诵《枫桥夜泊》的时候总是先背诗名，然后是创作的朝代、作者名，最后是诗的内容。孩子每次都按照这样的顺序背诵，就很难从中间提取信息。为此，我们可以借助图形的方式帮助孩子加深记忆。

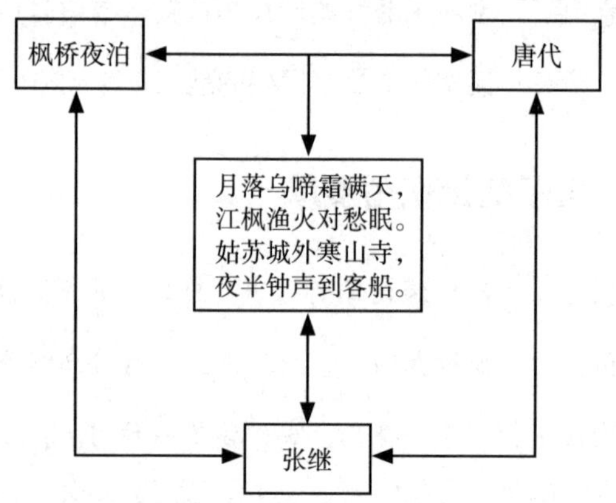

对着这个流程图背诵的时候，孩子还是按照原先的顺序背诵。但是，流程图会从视觉空间上帮助孩子重新建立诗歌名、作者名、朝代之间的对应关系，这样孩子就可以根据作者名、朝代名任意一个回忆起诗歌内容。同样，数学的各种知识点之间的推理也可以采用这种方式。例如，下图展示了从边和角都可以推导出等腰三角形。

这样一来，孩子就不再只能通过两条相等的边来推导等腰三角形了。

5.4.3　孩子总是张冠李戴

妈妈提问道："谁是诗圣？"小宝眨着眼答道："嗯……嗯……李白？"妈妈摇摇头。小宝继续猜："陆游？孟浩然？王维？白居易？”妈妈叹口气道：“是杜甫。”小宝马上接口道：“对对对！王老师说过，我忘记了。”孩子记不住知识点，总是张冠李戴，该怎么办呢？

举例来说，很多孩子都把语文中的“已”和“己”搞混，把数学中的分配律和交换律颠倒，把英语的过去分词和现在分词混为一谈。家长一遍遍地纠正，但是孩子还是照错不误。

张冠李戴的根源在于孩子只了解知识点的字面意思，只能靠死记硬背。随着记忆的东西越来越多，张冠李戴的也越来越多。最终的结果就是孩子屡屡受挫，家长也疲于纠正。要解决这个问题，就要让孩子在记忆的内容中建立更多联系，避免死记硬背。那么该如何建立更多的联系呢？

深入理解文字含义

很多时候，孩子只是“知道”某个词，而不理解它的意思。例如，小宝对“诗圣”的理解仅限于知道这两个字如何读，以及“诗”的意思，他根本不了解“圣”字的意思。“圣”字最初表示听觉敏锐，后来引申为精通某种学问或技艺并有极高成就的人。同时，它也表示具有最崇高的人品和最广博的智慧、学识的人。

古代的诗人数不胜数，在诗词上有成就的人也很多，很难评出谁的诗词水平更高。所以，“诗圣”中的“圣”字更多是指具有最崇高的人品和最广博的智慧、学识的人。最崇高的人品的直观表现就是心系天下，忧国忧民。只要了解了这一点，孩子就很容易联想到杜甫写的各种诗，如《闻官军收河南河北》。

了解文字的背景知识

很多时候，文字携带的信息是有限的，但它的背景知识是无限的。如“杜甫”的“杜”字表示姓，“甫”则是对男子的美称，仅凭这两个字，我们对杜甫的认识十分有限，但是，我们如果查阅杜甫的生平，就会获取大量的信息。

例如，杜甫被称为“杜草堂”，因为他有很长一段时间居住在茅屋中，并写下了《茅屋为秋风所破歌》。他的一生充满了坎坷，经历了长安岁月中的困顿、战乱中的流离失所、客居他乡的孤独以及漂泊蜀中的艰辛。最终，他在一叶扁舟中离世，结束了传奇的一生。这些丰富的背景知识可以让孩子对杜甫的认识不再局限于一个简单的名字。

建立信息之间的联系

具备了足够的信息之后就可以在各知识点间建立起足够的联系。例如，杜甫一生坎坷，这一点在他 35 岁之后尤为明显，这也使得他有更多的机会接触底层民众，从底层的角度观察社会。他创作的大量诗歌都展现了他心系天下的胸怀，这些都是他被尊为“诗圣”的原因。当孩子把杜甫的生平经历、作品风格和“诗圣”联系起来，自然就记住了“杜甫”和“诗圣”的对应关系，也不会再出现张冠李戴的错误了。

5.5

如果孩子不愿意使用错题本

错题本是流行十几年的一种学习工具，它可以帮助孩子发现问题、改正问题和总结问题。但是，很多孩子并不愿意使用错题本，这是为什么呢？

5.5.1　孩子觉得抄写太麻烦

“妈妈，昨天的作业改完了。”小宝说着把作业本推给在旁边坐着的妈妈。妈妈仔细检查一遍后夸奖道：“嗯，改得不错！把这几道错题整理到错题本上吧。”小宝低着头嘟囔道：“我已经会了，要不，这次别抄了？要不太浪费时间了，耽误后面的作业。”“这怎么行呢？”妈妈立马开始批评小宝懒惰：“只有抄一遍才能加深印象，下次就不会再犯错了。”小宝无奈地低下了头。

在整理错题时，很多家长都会要求孩子把题目也抄一遍，希望孩子能够记得更牢一些，下次不再犯错。但是，这种方式有两个弊端。首先，它会花费孩子大量的时间，尤其是现在的题目越来越长，有的题目光题干就有两三百字。其次，抄写的过程比较枯燥，在做题和改错的环节，孩子已经多次读题，对题目已经非常熟悉了，如果再让孩子抄写，他们就会觉得非常枯燥。这两个因素叠加起来就会让孩子对使用错题本产生抵触情绪。

那我们到底要不要让孩子抄写题目呢？答案是不需要。使用错题本的根本目的是帮助孩子避免犯同样的错误，抄写题目只是为了收集错误，让孩子更方便地聚焦于目标。所以，重要的是将题目整理到错题本里，方式并不重要。强行让孩子去抄写，反而会让孩子产生抵触心理。因此，在整理环节，我们可以使用以下更为便捷的方式。

直接复印

如果家里有复印机，可以把孩子做错的部分复印下来，裁剪好，直接贴到错题本上。这种方法方便快捷，并且能保持题目的原始样式，非常适合有图形的题目。而且孩子自己就能操作，不需要家长的协助。

拍照打印

如果家里没有复印机，我们也可以用手机拍照，然后再打印裁剪，贴到错题本上。拍照的时候需要对好焦，保证手机和书本平行，避免照片变形。这种方式基本也可以达到复印的效果。但需要注意的是，如果我们不想让孩子接触手机，就要自己来操作。

使用错题打印机

错题打印机可以直接扫描错题并打印，避免了孩子接触手机。很多错题打印产品所配备的 App 也提供拍照打印功能。家长可以使用这些 App 拍照并识别文字，对文字进行适当编辑后再打印。这种方法的缺点是多了一笔额外开支，并且避免不了使用手机。

对比以上三种方式，我认为第一种是最好的。如果家里需要添置或者更换打印机，可以直接买一台有复印功能的打印机。这样，孩子就能自己复印并完成后续的整理工作，既不需要我们的协助，也不用接触手机。

5.5.2 孩子不想保留错误答案

正在整理错题的小宝突然抬起头问道："妈妈，写错的答案不用抄了吧？"妈妈问为什么，小宝说："错都错了，抄了也没用。"妈妈皱了皱眉头训道："你又想偷懒？不抄错误的答案，那还叫错题本？"小宝想了想，觉得妈妈的话似乎有道理，就继续整理错题。

在整理错题的时候，很多孩子都不愿意抄自己写错的答案。这并不是孩子懒，而是他们不愿意面对。因为这些答案代表着自己犯下的错误——尤其是那种低级错误，它们严重影响了孩子的能力感。另外，孩子会认为，学习就在于掌握正确的知识和方法，而犯过的错误没有任何价值。

那么，到底有没有必要抄写错误答案呢？这要根据具体的情况而定。错题本主要用来记录孩子犯下的错误，分析出错的原因，找出正确的方法，方便日后对知识点进行巩固。因此，如果答案能体现孩子犯下的错误就应该记录，否则就没有记录的必要。以下是几种不需要记录错误答案的情形。

- 从一开始就用错了解题方法的错误。
- 由看错题目导致的错误。
- 出错环节在草稿纸上，但在正式答案中被省略的错误。（此时应记录的不是错误答案，而是草稿纸上的错误步骤。）

5.5.3 孩子不会用错题本

在妈妈的严厉督促下，小宝终于把错题都整理到了错题本上。除了题目和错误的答案，正确的答案也被小宝抄在了上面。妈妈刚要松口气，小宝就开始问："妈妈，这个错题本该怎么用呢？"这下子把妈妈给问住了。

大部分孩子使用错题本的方式都是把做错的题目收集起来，并将错误的答案和正确的答案放到一起，复习的时候再把错题本拿出来和课本、笔记一起复习，这样做看似很完美，事实却并非如此。错题本只是错题的一个载体，整理错题只是其中的第一步。要让错题本发挥出真正的作用，我们还要引导孩子做到以下三步。

分析出错的原因

孩子做作业的过程中出现的每处错误都有其对应的原因，如小数点丢了，单词拼写错了，写的字少笔画了，等等。通过记录和对比，很容易找到出错的原因。注意，一道题目中可能会出现多个错误，也就对应着多个出错原因，而且错误之间也可能存在联系。

找出学习上的缺陷

错误只是表象，学习上存在缺陷才是根本。例如，孩子把"bag"误写成了"bog"，如果家长只看到了表象，可能会要求孩子将这个单词抄写 5 遍。孩子这次是记住了，但过上一段时间又会犯同样的错误。甚至会犯其他类似的错误，如把"pad"误写成"pod"。

孩子总出错的本质原因在于其背单词的方式存在缺陷——没有把发音和拼写结合起来。如果把这两者结合起来，就会明白音标 [æ] 对应的字母是“a”而不是“o”，这样即使误写了也能及时发现并主动改正。所以，找到出错的原因后，我们还要督促孩子找出对应的学习缺陷，并将它写在错题本上。

弥补发现的缺陷

发现学习上的缺陷后，就要想办法弥补。发现缺陷很简单，弥补缺陷却是一项长期的工作。以背诵单词为例，如果孩子背单词时没有把发音和拼写结合起来，弥补这个缺陷时就要做好以下两项工作。

首先，要引导孩子巩固旧单词，将单词拼写与发音结合起来，这需要花费一定的时间。其次，要帮助孩子建立一个新习惯，即背诵单词时将拼写与发音相对应。根据“21 天法则”，养成一个习惯至少需要 21 天时间，所以，这需要孩子和家长都有足够的耐心和坚持。

第6章

页面工整篇

保持作业的页面整洁不仅方便孩子日后复习，还有助于孩子在考试中取得更好的成绩。然而，大部分孩子在这方面都难以达标，常见的问题包括字迹潦草和页面脏乱。本章将讲解如何解决这两大难题。

6.1

别再发愁孩子写字像鬼画符

字如其人，人如其字。家长们都希望孩子的字能工整美观。为了达到这个目标，家长们尝试了各种办法，比如让孩子使用写字板、练习书法，但结果总是不尽如人意。事实上，我们应该先考虑以下潜在的原因，才能更有效地解决这个问题。

6.1.1 孩子缺少正向反馈这样做

看到小宝写的字，妈妈的血压就上来了。小宝写的每个字都东倒西歪，横不像横，竖不像竖，就像龙卷风刮过的地面一样。每次都是妈妈训一顿，小宝就写得稍微好一点儿，但过后马上又恢复原样。更可气的是，小宝还时不时拿着作业本问："妈妈，这几个字写得怎么样？”孩子为什么会这个样子呢？

把字练好是一件非常难的事情。一方面，它需要长久的坚持，因此即使孩子已经非常尽力了，也很难在短期内看到明显的成效；另一方面，大部分孩子都不知道如何才能把字练好，只能不断地尝试，很多时候都因为没有看到效果而放弃了。

所以，在孩子练字的过程中，作为家长，我们要经常性地鼓励和表扬，给孩子提供正反馈，而且表扬要具体，比如，在检查孩子作业的时候，我们可以挑几个写得好的字来表扬孩子。例如，“这个字写得很好，横平竖直的”“这个字写得很清楚，没有连笔”“这一行字大小相同，看起来很整齐”。这种有针对性的表扬做到了言之有物，并给孩子树立了一个目标——下次还这样写。

6.1.2 孩子写字的笔画不规范怎么办

小天的字写得不好看，妈妈要求他每天练半个小时的字帖，小天也努力地练习了，但写的字还是不行。妈妈总觉得小天还不够努力，写字不够用心，总是敷衍了事。然而，真的是这样吗？

很多孩子之所以写不好字，是因为缺乏对汉字结构的了解。汉字的构成比较复杂。首先，大部分汉字都是由多个偏旁部首组合而成的。其次，每个偏旁部首又有着不同的写法。所以，想要写好字就要顾及多个层面的要求：写出来的笔画要流畅自然，组合起来的偏旁部首也要整齐，最后写成的汉字还要好看。

大部分情况下，家长和孩子都只盯着最后写成的字，却忽略了过程中的细节。这就导致孩子即使很努力也写不出来漂亮的字。想要写好字，就需要家长从以下三个方面对孩子进行引导。

掌握正确的笔画和笔顺

要想写好字，需要掌握正确的笔画和笔顺。汉字经过几千年的演变才变成现在的样子，每个字的笔画和笔顺都经过了无数人的反复斟酌，哪怕是微小的改动都会导致整个字不美观。举例来说，“飞”字的第三笔为点，如果写成捺，就很容易超出第一笔的横折弯钩，使整个字变得不协调。同时，笔顺也要书写正确，否则，写出来的字也不会好看。举例来说，写“迟”字时，很多孩子喜欢先写“辶”后写“尺”，这很容易导致“辶”和“尺”的贴合不够紧密，使整个字显得比较松散。

所以，想要写好字，首先要掌握正确的笔画和笔顺，家长可以让孩子使用展现笔顺的字帖或者观看汉字书写动画。

练习常见字的结构布局

很多孩子即便做到了横平竖直，写出来的字还是不好看，这是因为他们没有掌握汉字的结构布局。举例来说，写“伊”字的时候，很多孩子没有把“尹”字中的一横写出头，这样写出来的字不仅不好看，而且还是错字。

要解决这个问题，家长可以让孩子观察并临摹一些米字格字帖。这样孩子就能了解每一笔应该落在哪里，写多长，到哪里收笔。经过大量的练习后，孩子就能对每个字进行合理布局了。

了解必要的间架结构

汉字的笔画搭配、排列、组合成字的形式和规律统称为“间架结构”，在书写的时候有很多固定的技巧。举例来说，“佳”字为左右结构，如果按照左右对半分的方式书写，“亻”和“圭”应各占一半的空间，但这样写出来的“佳”字并不好看。如果“亻”占三分之一的空间，“圭”占剩下的三分之二，就好看多了。

很多书法家对汉字的间架结构做了总结，清代书法家黄自元就编写了《间架结构摘要九十二法》。家长可以让孩子从这些书中借鉴前人总结的技巧，加以练习，从而写出更漂亮的字。

6.1.3 孩子的书面作业太多

小强做作业时字迹的质量就像是坐过山车。刚开始时，他的字很漂亮，但写着写着，字就变得越来越糟糕了，妈妈吼几句，又马上变好，但过一会儿就又变成了老样子，妈妈为此头疼不已。小强为什么不能一直把字写好，直到养成习惯呢?

家长在要求孩子写好字的同时还要考虑时间成本，这一过程需要花费很多的时间。书面作业不是很多的时候还好，一旦书面作业过多，孩子就很难再耐着性子把字写好，因为时间不允许。这个时候，我们就要帮助孩子做一个取舍。

减少不必要的抄写任务

很多家长喜欢用抄写的形式来帮助孩子巩固记忆：遇到记不住的单词，就让孩子抄写三遍；看到书中的精彩内容，也让孩子抄写下来；题目做错了，就让孩子连题目带答案抄到错题本上。这些抄写任务汇聚起来，工作量巨大，而且，抄写并不是巩固记忆的唯一方式，其他能够有效巩固记忆的方式还有阅读、朗诵、讨论、实践等。并且，在这些方式中，抄写也不总是最有效的。举例来说，面对一个难记的单词，抄写的记忆效果很差，但做一道相关的题效果却很好，关键的区别在于孩子做了多少思考。

因此，当孩子本身的书面作业比较多时，我们可以引导孩子通过其他的方式来巩固记忆，比如，通过单词问答游戏来记忆单词，通过重复朗读来背诵课文。这样一来，孩子的书写任务减轻了，就能够有更多的精力把字一笔一画写好。

区别对待各项作业

不同科目的老师对作业的要求也不一样。比如，语文老师对作文的书写要求比较高，不仅要求页面干净，还要求字迹工整。数学老师对书写的要求就相对较低，只要不过于杂乱，能看清楚步骤就行。因此我们没有必要一味地要求孩子按照高标准书写所有的作业。

孩子的注意力是有限的，如果都集中在字形和字面意思上，就容易忽略文字的引申义以及上下文之间的联系，这不利于对知识点的深入理解。因此，以知识应用为主的作业，我们可以适当降低标准，字不用写得多么漂亮，只要整齐就可以了。

合理使用辅助工具

在整理错题时，很多家长都允许孩子使用错题打印机，这样孩子就可以将精力放在解题过程上，而不用再去费力抄写题目。同样，在整理资料和笔记时，家长也可以引导孩子使用错题打印机，减少抄写的工作量，让孩子有更多时间去练好字、写好字。

6.2
让孩子的作业告别“脏乱差”

当我们要求孩子书写工整但未能如愿时，会更加看重页面是否整洁。这时候，面对孩子“上天入地”般的书写方式、大面积的涂改以及写字密集等问题，我们会越发地焦虑。不用担心，本节将讲解如何解决这些问题。

6.2.1 孩子写一行字“上天入地”

一看到明明写的字，妈妈就直发愁。单独写几个字的话，明明写得还算工整，但一写整行，他就写得像蛇一样拐来拐去，向上可以把上一行的字盖住大半，向下直接让下面一行无处书写。为此，妈妈除了经常提醒，还准备了直尺让孩子比对着写，但总也解决不了问题。

这下该怎么办呢？

很多孩子在写字时容易出现整行字倾斜的问题，其中向上倾斜居多。造成这种情况的原因有很多，除了写字姿势不正确外，还与人们的双眼视差有关。在写字的时候，右手会挡住我们的一部分视线，使我们的头无意识地向左倾斜。这样一来，虽然我们感觉自己写的字都在水平线上，但实际上整行字是向上倾斜的。

此外，受书法课的影响，很多孩子在写字时会使用“抗肩”技巧，写出来的横笔并不是水平的，而是左低右高，这样确实更好看，但孩子很容易将这个横笔作为整行字的基准，导致整行字都是歪的。要解决这个问题，需要从以下三个方面入手。

保持正确的写字姿势

大部分家长都要求孩子头正身直足平，眼睛离纸一尺远（约33厘米），胸离桌子一拳宽，为此有些家长还专门买了可调节的桌椅。但是，我们很容易忽略孩子的桌子、作业本、练习册是否摆正了，孩子的握笔姿势是否正确，等等。这些方面存在问题的话很可能导致孩子写字歪斜。

所以，我们要定期检查孩子的桌子有没有歪斜，留意孩子写字时的作业本和练习册是否摆正，发现问题及时提醒，但不要批评，以免引起孩子的对抗情绪。

多使用格线纸

做语文作业时，可以鼓励孩子使用方格纸或者横线格纸，它们不仅可以帮助孩子找到写字的基线，还有助于培养孩子良好的书写习惯。即便老师要求用纯白纸，我们也可以使用带有压痕的暗线本。这种纸没有印刷的格线，但有明显的横向压痕，可以帮助孩子找到水平基线。

自己动手打格线

很多作业都是在现成的练习册上完成的，这些练习册的答题区域往往是空白的，没有格线。我们可以鼓励孩子在开始答题前，先用铅笔和直尺画几条水平线。画线时不必太用力，有一个淡淡的印记就行。这样既不会影响答题，也方便事后擦除。

6.2.2 孩子的作业像“大花脸”

圆圆已经上三年级了，写字问题还没有解决，新的问题又出现了。现在他开始用圆珠笔写作业了，作业本上到处都是涂改的痕迹，成了一个“大花脸”。妈妈看了直发愁，对于写在作业本上的作业，妈妈还能要求孩子重写，可写在练习册上的作业该怎么办呢？

作业本上涂抹得太多是很多孩子的通病。到了三年级以后，孩子们就要告别铅笔，开始使用圆珠笔和中性笔学习。用铅笔写作业写错了用橡皮擦掉重新写就行，这种极低的修改成本导致很多孩子在落笔之前缺乏思考的习惯，容易出错。

当孩子开始使用圆珠笔或中性笔之后，这个坏习惯带来的问题就暴露出来了。有时候题目写到一半，发现解题方法有问题，就只能将写好的几行内容都划掉。如果觉得自己犯了低级错误，有的孩子还会将错误的部分彻底涂黑，避免被同学看到后笑话。一旦错的多了，作业本就变成了“大花脸”。想要解决这个问题，家长需要从以下三个方面帮助孩子。

引导孩子正确认识错误

将作业中出错的部分涂黑，这一行为背后其实是孩子的面子问题——害怕被老师和同学看到自己犯的错，所以要极力掩盖。他们觉得只要把错误改过来就行了，犯的错没有必要保留。所以，我们需要让他们了解将错误暴露出来的好处。

出错通常是有特定原因的，老师通过错误的答案可以了解孩子为什么会出错。举例来说，如果孩子把“bag”误写成了“big”，老师就可以推断出，孩子容易在形似词上出错，需要借助发音来强化记忆。如果孩子将错误的部分都涂黑，老师就没法判断出错的原因了，孩子也就失去了纠正错误的学习方式的机会。所以，家长应该把道理讲给孩子，让他们明白将错误涂黑的坏处，进而意识到暴露错误不仅不会让他们丢面子，反而是一次提升自己的机会。

培养孩子打草稿的习惯

高年级阶段，题目变得越来越复杂，解题步骤也越来越复杂。这时候，家长们就要培养孩子打草稿的习惯。读题之后先在草稿纸上打草稿，写出自己的解题思路，做一些基本的计算，确定思路没问题后，再在作业本或者练习册上答题，这样就避免了在作业本上大范围涂抹的问题。

培养孩子快速验证的习惯

很多时候，孩子的解题思路没有问题，只是中间的解题步骤出错了，进而引发一系列的连锁反应，导致大段的内容需要改动。为了应对此类问题，我们需要培养孩子快速验证的习惯——每完成一步计算，就进行一次快速验证。举例来说，两个偶数相加，结果必然也是偶数；5 乘以任意一个数，结果的个位数上一定是 0 或者 5。

所以，我们要鼓励孩子关注每个解题步骤，学会快速验证。如果孩子能做到这一点，自然就能及时发现问题，避免错误引发连锁反应。

6.2.3 孩子写的字总是挤在一起

小宝在作业本上写作业时，可以做到字体工整，排列整齐。可当他做练习册时，问题就来了。他写的字都挤在一起，可后边还有一大片空白。妈妈看到后就批评他："后面空间那么大，你为什么要把所有的字都挤到一起呢？你就不能控制一下字距？”然而，小宝听了以后依然我行我素，这到底是为什么呢？

其实，这并不是小宝不认真，而是他缺少对做题的总结，尤其是对解题步骤的总结。由于不知道每道题需要多少解题步骤，每个步骤要占多大空间，为了避免空间不够，小宝只能在前面的部分尽可能地节省空间，导致字都挤在一起。

字迹过于拥挤不是一个小问题，不仅不利于老师批改作业，也不利于孩子事后复习。很多孩子不愿意看自己做过的作业和写过的笔记，很大一个原因就是自己写的字不容易辨识，读起来累。要解决这个问题，我们就要培养孩子对解题过程的掌控能力。

让孩子学会总结解题步骤

很多孩子只管做题，从不总结。他们认为解出题目就大功告成了。实际上，解出题目只是第一步，要想提高学习效率，还要对每道题的解题步骤做一个总结。举例来说，分数加减法运算需要分三步进行，分别是通分、加减运算和约分；做完形填空题需要四步，分别是通读全文、比对备选答案、前后衔接和复查核对。

这样的总结可以起到事半功倍的效果，让孩子对解题步骤的层次有一个大致的了解，做题时对每一步所需的空间也有一个基本的判断，从而不用总担心空间不够用的问题。

让孩子学会优化、省略步骤

当题目变得越来越复杂，解题步骤也将随之增多。如果把每一步都写下来，不仅花时间，而且写不下。这时候，我们就要对步骤进行优化，省略一些环节。

举例来说，某个复杂的分数计算题包含五个大步骤。每个大步骤又包含若干小步骤，如果把这些步骤都写出来，可能会有十几步。这种情况下，孩子只需要写出五个大步骤即可，中间的小步骤可以省略。

让孩子学会省略的策略

有时候，省略步骤也是需要一些策略的。举例来说，涉及新知识点的步骤不应该省略，因为老师要通过这些步骤判断学生是否掌握了对应的知识点。相反，连续出现的相同步骤可以适当地省略。需要注意的是，省略策略应是动态的，孩子需要根据所学知识的进度以及老师的偏好来确定。

掌握正确的省略策略需要孩子多与同学和老师沟通。孩子可以借阅同学的作业本，了解其他人是如何省略步骤的；也可以定期询问老师，确认哪些步骤可以省略，哪些步骤必须保留。

孩子在掌握一定的省略策略后，就能根据答题空间合理安排书写，就不会再把所有的步骤挤在一起了。

第7章

科目常见问题篇

在学习不同科目的过程中，孩子们会遇到一些特定的问题。这些问题不仅与孩子的情绪、认知和生理状态有关，还与各科目自身的特点有关。本章将详细讲解语文、英语和数学中常见的一些问题。

7.1
语文可以这样学

语文是最基础的科目，也是最难提升成绩的科目。语文最常见的作业形式包括背诵、阅读和写作。本节将详细讲解语文作业中常见的各种问题。

7.1.1 孩子不会读 ɑ、o、e、i、u、ü

妈妈正陪着一年级的妞妞学拼音。她把“ɑ、o、e、i、u、ü”六个单韵母写在纸上，然后指着“i”问妞妞：“这个读什么呀？”妞妞嘟囔着：“阿、喔、鹅、衣……读‘衣’。”妈妈皱了皱眉头，又指着“ü”问了一遍，妞妞又把这六个韵母从头念到尾，才回答上来。为什么会这样呢？

出现这种情况的原因是，孩子的记忆不够熟练。因为发音要比字母书写简单一些，并且六个韵母连起来读也符合音律节奏，所以，孩子往往记住了它们的发音，却没有记住它们的书写形式。当把这六个韵母摆到一起时，妞妞能凭借它们的顺序推断出特定韵母的发音，但是单独拿出一个韵母，或者将这些韵母的顺序打乱，妞妞就不认得了。这种现象很常见，成年人也存在类似的问题。例如，我们看到成语“魑魅魍魉”时，四个字都能认出来，但是把其中一个字单拿出来，可能就不认识了。

而且，这种识别方式会保留很长时间。哪怕妞妞记住了每个字母的书写形式，也还是会按照整体发音进行记忆。回想一下，我们刚学 26 个英文字母的时候，要读某个字母，也通常是在心里快速唱一遍《字母歌》，一直唱到对应的字母才能念出它的发音。

所以，如果我们的孩子也出现了像妞妞这样的情况，不用担心，只要陪着孩子多练习，等孩子足够熟练了，自然就能单独发音。如果想要快速度过这个时期，可以采用一些辅助的记忆方式，将每个字母直接对应到相应的发音上。

人教版一年级上册的《语文》课本就给出了很好的范例。在书的第 20 页有一幅插画，画上一个小女孩站在河边，大声感叹美丽的景色——啊（ɑ）！河对面有一只公鸡在“喔喔（o）”地回应小女孩。河面上有一只天鹅在安静地享受美景，它在水中的倒影刚好是韵母“e”。在书的第 22 页，有一件衣（i）服挂在晾衣绳上，衣服的扣子看起来就像韵母“i”。乌（u）龟的龟壳再加上小尾巴正好是韵母“u”。水里有一条鱼（ü）弓着身子吐了两个气泡，看起来刚好是韵母“ü”。

只要孩子把这六个韵母与对应的形象联系到一起记忆，就能避免出现妞妞那样的情况。以后孩子只要看到对应的韵母，就能快速读出来。

7.1.2　孩子总是将字母 b、d、p、q 搞混

“这是 b–o，bō。”妈妈讲完“b”的发音，又开始给孩子念“p”的发音：“这是 p–o，pō。”妈妈读一遍，小宝也跟着读一遍。看着孩子已经掌握了，妈妈便拿出拼音卡片，让小宝自己读。小宝看着声母“b”，想了半天才读出：“p–o，pō。”怎么会这样？！妈妈不信邪，又把声母“p”的卡片拿出来，小宝读道：

“b–o，bō。”妈妈急了，把“b”和“p”的卡片都摆出来说：“仔细看，这两个声母的读音怎么能一样呢？”小宝瞪大眼睛看了大半天，又困惑地望向妈妈。妈妈摇头叹气道：“这孩子为什么老是记混呢？”

对于孩子来说，容易混淆的不只有“b”和“p”，还有“d”和“q”，特别是刚学拼音的时候。这并不代表孩子笨，只是大脑发育过程中的一个正常现象。

无论事物如何反转和镜像，我们都会把它当成同一个东西。举例来说，一只猫无论头朝右趴着，还是朝左趴着，我们都会把它当作同一只猫，哪怕把这只猫倒过来，它也还是那只猫。

在幼年时期，这种大脑自发的镜像处理能力有助于我们分辨自然界中的各种事物，但却会对我们学习自然界原本不存在的声母“b、d、p、q”形成干扰。所以我们刚开始学这几个声母时会感到很困惑：怎么“b”转个身就变成了“d”，发音也不一样了？每个孩子都会面临这样的困惑，只是时间长短有所不同，但这种情况通常会在 8 岁之后消失。

如果我们担心这个现象持续的时间太长，影响孩子的学习，也可以采取一些应对措施。

对孩子持有耐心

我们要对孩子持有足够的耐心，如果表现得过于着急，会引起孩子的紧张情绪。这样不仅会影响孩子的大脑发育，也会使孩子对学习缺乏自信。所以，无论孩子在这个问题上表现得多么糟糕，家长都要平静对待，毕竟这只是一个阶段性现象。

陪孩子进行大量练习

这个问题之所以能够自然消除，是因为大脑能够逐渐建立起专门处理字符问题的神经环路。如果让孩子频繁地接触这四个声母，将有助于他们的大脑快速形成对应的神经环路。所以，家长可以陪孩子进行大量的练习，比如每天让孩子认读这几个声母的卡片，甚至可以一边读，一边让孩子伸出胳膊，在空中写出这几个声母。

教会孩子组合记忆

我们可以将容易混淆的内容放到一起，教孩子用对比的方式进行记忆。举例来说，我们可以将“b、d、p、q”四个声母摆成一个 2×2 的方阵，并把所有字母的半圆部分朝向中间。排好之后，无论大脑如何镜像，这四个声母的顺序永远都是 b、d、p、q。这样，等孩子再遇到这四个声母时，就可以使用这个方阵进行对照记忆，从而加深印象。

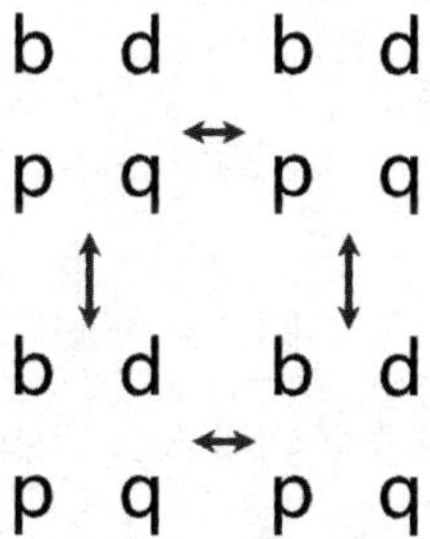

7.1.3　孩子拼读总是出错

书上明明写的是“hā mì guā”，孩子却偏偏读成了“hā lì guā”。妈妈刚把“mì”的读音纠正过来，一转眼，孩子又把“guā”读成了“guō”。妈妈花了十多分钟来教这个词的读音，累得嗓子都快冒烟了，孩子才勉强学会。看着后面的十几个词，妈妈只觉得眼前一阵发黑。这么简单的拼读，孩子学起来怎么就这么难呢？

其实，对于初次接触拼音的孩子来说，拼读真的是一件很难的事情。孩子不仅要将每个字母与其对应的发音关联起来，还要把声母和韵母组合起来发音。

家长们觉得简单是因为他们已经彻底掌握了拼读，并把它转化成了一种自动化的反应，只要看到拼音，就能下意识地读出来。但这种能力不是天生的，需要后天的大量练习。为了让孩子尽快掌握拼读能力，家长可以从以下三个方面着手。

保持平和的心态

由于拼读看起来很简单，家长觉得孩子一学就会，所以，当教了孩子两三次还没什么成效时，他们就容易生气动怒，孩子也会因此而气馁和自卑。这不仅会削弱孩子的自信心，还会让孩子紧张，将注意力转移到如何应对我们的怒火上来，进而降低学习效率。所以，家长要保持平和的心态，建立正确的预期。我们要明白，学习是一个渐进的过程，特别是像拼读这样的技能，孩子可能需要反复练习几十遍才能真正掌握。

让孩子巩固对字母的识别

很多孩子在对字母的熟悉程度不够时会产生很多疑问。例如，字母“i”为什么发“衣”的音？“sh”为什么发“失”的音？这些问题都没有答案，因为字母和发音没有逻辑上的关系，只能靠大量地练习来不断巩固。

家长可以每天先带着孩子读几遍字母，然后再让孩子自己读几遍，如果孩子读错了，家长再帮忙纠正。另外，家长还可以将字母读出来让孩子默写。每天巩固一次，用不了多久，孩子看到字母就能正确读出发音了。

陪孩子大量地练习拼读

很多孩子能正确发出汉字读音，却往往在拼读上遇到困难。举例来说，孩子能清晰地说出“贝贝”一词，却不会拼读“b-ei，bèi”，这是因为孩子无法将声母和韵母组合起来发音。解决这个问题最直接的方法就是多听、多练。

在正式学习拼音之前，家长可以给孩子反复播放一些与拼读相关的儿歌，以加深其潜在记忆，等孩子开始学习拼音以后，再带领孩子进行拼读。同时，家长也可以和孩子一起玩游戏，拼读身边的各种事物，例如墙上挂的“h-u-à，huà”、路上的“ch-e，che”等。

7.1.4　孩子总是记不住生字

小宝趴在桌子上，一边抄着生字，一边气呼呼地嘟囔着：“每次都抽查我，每次都抽查我……”“又被老师罚抄生字了吧？”妈妈训道，“谁让你不认真抄？你要是能用心点，把这些字都记住了，老师怎么会罚你？”小宝委屈得泪珠在眼眶里直打转。

学生字是很多孩子学习语文时面临的一大难题。我们总是认为，孩子只要足够认真就能轻易把生字学好，但事实并非如此，如果孩子的记忆方法不对，学起来是很困难的。有的孩子根据笔画来记生字，以“上”字为例，他们会按照“竖－横－横”的方式来记忆；对于“土”字，他们则会按照“横－竖－横”的方式记忆。

这个方法对于笔画数少的生字比较有效，只要抄写几遍就能记住，但对于笔画数比较多的生字，则可能就得抄上几十遍甚至上百遍。因此，要想让孩子轻松记住生字，家长们需要教给孩子一些学习技巧。

教孩子从字形上找含义

直接记生字的笔画是典型的死记硬背，这种记忆方式的效率是最低的。如果我们把汉字当成一种形状，并找出其中的含义，生字记忆就会变得很简单。比如我们都知道，“田”字可以看作四块连在一起的土地，四边的方框和中间的“十”字代表着田垄。这样理解有助于我们快速掌握这个字的字形。

“田”字不是一个特例，这类汉字非常多。例如，“多”字是由两个“夕”字叠在一起组成的，每一个“夕”可以看作一块肉。古代祭祀的时候，每家都可以分得一块肉，有人分得两块，就表示“多”了。有关汉字含义的内容我们可以在一些专业的书籍（如《说文解字》）中找到。当孩子掌握了这种技巧，再将生字抄写几遍，就很容易记住。

教孩子拆分记忆复杂字

孩子遇到的大部分复杂字都可以进行拆分记忆。例如，15 画的“鲤”字可以拆分为 8 画的“鱼”字和 7 画的“里”字。拆分后的部分是孩子们已经熟悉的汉字。这样一来，复杂字的记忆难度就降低了。如果我们再找出这个字各部分与整体的关系，记忆难度就能够再次降低。例如，“鲤”字中的“鱼”字表示它是一种鱼，“里”字表示该字的发音。

所以，遇到多笔画的字，我们应该鼓励孩子主动进行拆分，寻找每个部分与整体的关系。在这个过程中，我们同样可以参考一些专业书籍（如《汉字树》）来查寻偏旁部首的特定含义。

教孩子分批次完成抄写作业

很多老师为了强化孩子对生字的记忆，会布置大量的抄写作业。这样的作业虽然简单，但比较枯燥。很多孩子会选择将抄写作业一口气完成，然而这样做的效果并不好。根据记忆规律，一次性完成的效果远不如分批次完成的效果好。

如果老师要求学生把每个生字都抄写 10 遍，我们不要让孩子一次性完成，而是要分几次完成。我们可以让孩子在学校里先把每个生字抄写 3 遍，晚上回到家后再抄写 5 遍，第二天早上再抄写 2 遍。虽然总共还是 10 遍，但这种分散抄写的记忆效果远好于一次性抄写 10 遍。

所以，如果孩子记不住生字，家长不要急着批评他们，可以先引导孩子试试以上记忆技巧，再观察效果。

7.1.5　孩子总是把词组记反

每次检查孩子做的填空题，妈妈都提心吊胆。孩子倒是能选对词语，但总是把词语写颠倒。例如，孩子会把“奖金”写成“金奖”，把“沉浸”写成“浸沉”。每次遇到这种错误，妈妈都会仔细地教几遍。可是孩子才把这个词语写对了，转眼又把其他词语写颠倒了，妈妈气得都无语了。

很多孩子都犯过类似的错误，仔细观察就会发现，他们写错的往往是不常说的词语。之所以会出现这类问题，与其不当的记忆方式有关。对于一些很少见的词语，孩子记忆的方式非常单一，就是靠死记硬背。举例来说，记忆“奖金”这个词语时，孩子会这样记忆：这词由两个字组成，分别是“奖”和“金”，“奖”字在前，“金”字在后。

这种记忆的效果非常差，因为它的记忆线索非常单一。如果孩子忘掉了一个字，就写不出来这个词了。如果忘记词语中每个字的先后顺序，就会有一半的概率将词写错。要解决这个问题，我们就要教会孩子一些常用的词语记忆技巧。

教孩子查词典，掌握意思

记忆词语的一个常用方式就是了解其含义。例如，记忆“狐假虎威”的时候，我们要想，弱小但聪明的狐狸需要借助强大的老虎的威风，才能做成它想做的一些事情。了解了词的意思就能轻松地记住“狐假虎威”这个词是由哪四个字构成的，并推导出这四个字的先后顺序，而不会出现“虎假狐威”之类的错误。

因此，在记忆词语之前，我们可以问问孩子需要记的词语是什么意思。如果孩子不知道，就带孩子查一下《现代汉语词典》或《古代汉语词典》之类的辞书。掌握了词义后，孩子就能很容易记住词语包含哪几个字，以及这些字的先后顺序。

让孩子多总结，找出规律

对于一些有规律的词，孩子很容易判断它们的顺序是否正确，比如“鲤鱼”“带鱼”“草鱼”“鲫鱼”“黑鱼”都是正确的词语，而“鱼黑”“鱼带”肯定就是错的，因为大部分的词语都有对应的构词规则。例如，表示鱼类的词语如果包含“鱼”字，“鱼”字往往是这个词的最后一个字；表示鱼身上某个部位的词语如果包含“鱼”字，则“鱼”字往往是这个词的第一个字，如“鲲”“鲅”。所以，知道了词语的意思后，我们就可以借助这些规律找出该词语中各个字的顺序，而不用再去记忆字序。

因此，家长们要引导孩子对词语多做总结。如果我们把上面两个与鱼有关的词语的规则教给孩子，他们不仅可以记住与鱼相关的词语的字序，还能记住与其他动物相关的词语，如黑猪、猪蹄、水牛、牛毛等的字序。

另外，这些规律不仅适用于名词，也适用于动词、形容词等类型的词语。例如，“奔”字如果和动词组词，往往在前面，如“奔跑”“奔走”“奔驰”等；如果和副词组词，它往往在后面，如“飞奔”“狂奔”“出奔”等。

陪孩子多巩固，反复记忆

很多时候，我们找不出一些词语的构成规则，例如，“沉浸”为什么不能写成“浸沉”，只能让孩子多巩固，反复记忆。

为了加强孩子的记忆，我们可以结合身边的事物给孩子造一些句子。以“沉浸”一词为例，我们可以跟孩子说：“他沉浸在小说的世界里，完全忘记了周围的世界。”这样造句可以帮助孩子形成情境记忆。只要孩子在生活中看到有人看小说，就会自然地想起这个词，对这个词的记忆也就得到了巩固。

7.1.6 孩子读不懂阅读理解

孩子又被阅读理解题卡住了，尽管妈妈已经教了很多解题套路，但孩子还是无从下笔。妈妈问有没有读懂材料，孩子点头，妈妈又问材料说了什么，孩子也能说出个一二三，但就是做不对题目。妈妈困惑了，这孩子到底读懂了还是没读懂呢？

答案是孩子没读懂。孩子所说的“读懂了”只是认识阅读材料中的每个词，这种理解是浅层的，甚至可能是错的。而阅读理解考查的是隐藏在文字背后的信息，这就导致了孩子看似能读懂材料却总是做不对题。要解决这个问题，就要挖掘出文字背后的信息。

帮助孩子了解词语背后的信息

很多词语都包含感情色彩，它们反映了作者创作时的特定心情和主观偏好，这些信息往往是答题的要点。但是，很多孩子都忽略了这一点，只理解了词语的字面意思。举例来说，对于“春光明媚”一词中的“明媚”二字，孩子只能从字面以及前后文猜出来它有“明亮”的意思，却忽略了它的另外一层意思——美好。

“美好”这层意思直接反映了作者对春天的喜爱。如果孩子忽略了这一点，自然无法正确作答。所以，在做阅读理解题目时，我们要引导孩子探索每一个词语背后不常见的含义。

帮助孩子了解语句之间的信息

一篇阅读材料往往包括十几个句子。句子与句子之间有着不同的关系，如假设关系、并列关系、因果关系、转折关系、承接关系、递进关系等。这些关系有时表达得非常明确，有时却很隐晦。

举例来说，孩子一看到“因为……所以……”式的表达，就知道是因果关系，但是，对于“……以至……”这样孩子不常用的表达，就很难判断了。所以，我们要引导孩子注意各种连词的使用，从而更好地理解前后文的逻辑关系。

帮助孩子了解材料背后的信息

阅读理解的素材大致可以分为记叙文、说明文、古诗词和文言文这几个类型。不论哪种类型，其内容都与孩子的日常生活或阅读经历有一定的相关性。如果孩子具备相关的知识和经历，就能更好地理解材料内容，尤其是隐藏在材料背后的信息。

例如，某篇说明文中讲到了家燕、金腰燕、雨燕和崖沙燕的习性。如果孩子平时阅读过鸟类的相关书籍，或者养过鸟类宠物，就很容易理解材料中关于筑巢的各种描述。另外，孩子在这方面的知识积累也有助于验证后面的答案。

所以，我们应该引导孩子多观察日常生活中的各种细节，并鼓励孩子扩大阅读范围，多了解古代文化和生活常识等。

7.1.7 孩子写作文时没素材

孩子一到写作文就发呆，并且一发呆就是半个小时。每次妈妈问怎么回事，孩子总说不知道写什么。妈妈一看，作文题目要求记叙全家人一起春游的经历。这很容易啊！每年春节，全家人都要一起出去玩几次，怎么会没得写呢？这绝对是孩子偷懒。妈妈把孩子训了一顿，孩子终于开始写了。一个小时后，孩子写出了一篇作文，但却是没有什么内容的流水账。

老师布置的作文题目往往与孩子的日常生活有关，这样的题目应该非常好写，因为素材很多。可孩子为什么就写不出来呢？

这是因为孩子还没有形成对应的记忆，就像我们不记得上周二早上吃了什么，也不记得前天在路上碰到了哪个人一样。所以，要想让孩子写作文时有素材，我们需要从以下几个方面帮孩子形成对应的记忆。

教孩子学会注意那些不寻常的事情

写作素材来自人的记忆，而人的记忆是有偏好的。大脑容易记住那些有意义、感情色彩强烈的事情。例如，孩子会记得去年生日是如何过的，上个月去哪个游乐场玩了，前几天被哪个老师表扬了，等等。而对于那些普通的、周期性的事情，大脑很容易将它们忘掉。

所以，家长要给孩子创造一些新体验，比如城市里的孩子，可以带他们去乡下看看农民是如何种地的。另外，家长也要引导孩子多关注那些不同寻常的事物，让孩子的大脑产生更深刻的记忆，以备日后写作之需。

培养孩子专注观察的习惯

要想让孩子的记忆更深刻，就要输入更多的细节信息。举例来说，孩子第一次看到桂树时，如果观察得不够仔细，可能过上几天就忘记桂树长什么样子了。即使有模糊的印象，在写作时也很难做到言之有物，这就需要家长进行适当的引导。

比如，家长可以和孩子一起先从远处观察桂树的树冠是什么样子的，然后，再和孩子一起走近桂树，观察树干、树枝和树叶的形状。家长还可以鼓励孩子伸手摸摸树干，感受树皮的粗糙；再摸摸树叶，感受树叶的光滑。如果正值桂花开放，家长还可以和孩子一起闻闻花香；如果错过了花期，可以买点桂花蜜让孩子尝一下。这些细节不仅能强化孩子的记忆，还能转化为作文中的素材，丰富作文的内容。

善用设备辅助孩子记录

在大多数情况下，孩子并没有足够的时间去仔细观察事物。这时候，家长可以使用手机、相机等设备帮助孩子记录。家长可以全程跟拍孩子的一举一动，也可以拍摄自己认为有趣的和有意义的东西。但在这个过程中，我们不要强迫孩子配合我们的拍摄，以免引起孩子的反感。

之后，家长还要整理这些记录，方便孩子随时翻看，比如可以把拍好的照片打印出来放到相册中，把录制的视频存到孩子日常使用的设备中。这样不仅能帮助孩子巩固记忆，也有助于他们发现当时没有注意到的细节。

引导孩子积极输出，巩固记忆

强化记忆最好的方式就是输出。输出的方式有很多种，传统的方式包括写日记、向别人讲述等。家长可以引出话题，然后让孩子自由发挥。还有一种新的输出方式就是制作视频，我们可以把自己录制的视频交给孩子，让他们进行剪辑，并配上解说。这样既有趣，又能强化记忆。

7.2
英语可以这样学

英语和语文同属语言类科目，但是，作为一门外语，英语在孩子的生活中缺乏足够的应用场景。这也导致孩子在完成英语作业时，会遇到一些额外的问题。本节将详细分析此类问题的解决方法。

7.2.1 孩子总是记不住单词

孩子将 15 个单词抄写了 10 遍，花了整整半个小时。然而，当妈妈进行听写时，却发现孩子 15 个单词写错了 3 个，还有两个想不起来了。妈妈非常生气，罚孩子把每个单词再抄 10 遍，孩子不情不愿地又抄写了半个小时。结果第二天，老师还是来告状了，说孩子没能默写出全部单词。区区十几个单词，怎么就这么难记呢？

问题的核心在于孩子记忆单词的方式不恰当，只是单纯在记忆单词的拼写方式。这种方式有两个弊端。其一，单词越长，要想记住需要抄写的次数就越多，这种增长几乎是指数曲线式的。其二，由于记忆线索非常单一，孩子容易遗忘和混淆，如将 bat 和 but 混淆。正确的记忆方法需要遵循以下几个原则。

降低记忆难度

记忆难度与记忆内容的多少有关，需要记忆的内容越少，记忆的难度越低；需要记忆的内容越多，记忆的难度也就越高。所以，我们可以通过以下办法减少记忆量。

（1）根据词根记忆。英语单词的构成遵循很多规则。以“drive”和“driver”为例，“er”是一种词语后缀，用来表示某种职业。由于“er”中的字母“e”和单词“drive”末尾的“e”重复了，所以只保留了一个“e”。当孩子了解了这个构词规则后，就可以理解二者之间的联系与区别，这样一来，记忆的难度也就降低了。

（2）根据读音记忆。英语是一种表音语言，它的拼写和读音有着直接的对应关系。近 80% 的单词发音遵循统一的规律。例如，单词“baker”和“driver 中”的“er”发音为 [ə]，单词“thing”和“making”的“ing”发音为 [ɪŋ]，单词“boat”和“coat”中的“oa”发音为 [oʊ]……通过读音记忆也可以减少孩子的记忆量——只需通过发音，就能推测出如何拼写。

（3）拆分单词记忆。可以将一些复杂的单词拆分为几个简单的单词，如将“butterfly”拆分为“butter”和“fly”，将“friendship”拆分为“friend”和“ship”、“homework”拆分为“home”和“work”……拆分后再记忆会更容易。

增加更多线索

用抄写的办法背单词，大脑往往只能形成对字母的拼写记忆，如单词“but”由字母 b、u、t 依次构成，单词“bat”由字母 b、a、t 依次构成。所以，以字母 b 开始的单词都共享一个线索，即以字母 b 开头。这些单词相互之间会产生干扰，导致孩子学了新的就忘了旧的。

要避免这个问题，就要为单词建立更多的线索，我们可以让孩子从以下几个方面来着手。

（1）通过拼读记忆单词。让孩子一边抄单词，一边朗读，将单词的发音与拼写结合起来。这样，记忆的线索就增加了。

（2）通过含义记忆单词。家长可以在孩子抄写完单词后，提问单词的含义，然后再让孩子根据单词的含义，默写单词，这样就又将拼写和单词含义关联了起来。

（3）通过分组记忆单词。家长可以让孩子根据单词的含义对它们进行分组，并将同一组的单词放到一起记忆。例如，在记忆单词“yellow”时，可以将已经学过的其他表示颜色单词，如单词 red、white、blue 等找出来一起复习。

关于单词的线索建立得越多，记忆就越牢固。

进行间隔巩固

很多孩子背诵单词的时候喜欢一气呵成，比如将单词一次性抄写10遍。如果第二天忘记了，就把每个单词再抄写20遍，争取一直记住。这种做法是非常低效的。

最有效的记忆方式是对单词进行间隔性的分次记忆。例如，第一天先将单词抄写5遍，再在之后的第二天、第四天、第八天和第十五天分别再抄写8遍。虽然总共才抄写了9遍，但记忆效果却比一次性抄写10遍要好得多。

7.2.2 孩子的各种书写错误不断

孩子在写英语作业时，短短两行就能出现五六个错误。一会儿是首字母没大写，一会儿是单词之间没空格，一会儿是把句点写成了圆形句号……这让妈妈十分生气，觉得这孩子太不认真了。尽管妈妈一遍遍地反复强调，但孩子还是错误频出，即使罚抄写也不管用，这可怎么办呢？

孩子写英语作业时犯的大多是规范类的错误，主要涉及单词的大小写、单词之间的空格、字母的书写方式、句中的标点符号等。这些规范与汉语的相关规范有很大的不同。

所有的汉字注音都是小写形式所以孩子在遇到英语中的这些规范时就有些不理解、不适应。他们仍会按照汉语的书写习惯去写英语作业，导致错误频出。我们可以从以下两方面着手解决这个问题。

让孩子理解特有的规范

很多孩子都知道这些特有的规范，但他们并不认可这些规范，只是碍于老师和家长的要求才不得不遵循。因此，家长们需要帮助孩子认可这些规范的必要性。

如果想让孩子理解英语中字母大写的要求，家长可以从英语课本中随意挑选一段课文抄到电脑文档里，并将其中的大写字母都替换为小写字母，然后将这段英文与原文分别打印到两张纸上。

现在，我们拿这两张纸和孩子做一个游戏，先拿出全是小写字母的那张纸，让孩子找出第三句话在哪里，然后再拿出印有原文的那张纸，让孩子找出第四句话在哪里，最后让孩子对照一下在哪张纸上找得更快。通过这个游戏，孩子就能理解规范要求的重要性。

培养孩子对应的习惯

在孩子明白规范的重要性后，家长还要培养其遵守规范的习惯。

首先，家长要做好心理准备。建立一个新的习惯，至少需要 21 天的时间。在这段时间内，我们要始终保持平和的心态，耐心帮助孩子。其次，在每次孩子写英文作业之前，都要提醒他注意规范性问题。最后，等孩子写完作业之后，家长应该再仔细检查一下，将错误标出来，让孩子改正。如果孩子没有出现此类错误，就给予相应的鼓励，如此坚持下去，直到孩子养成良好的习惯，不再犯这种规范性的错误。

7.2.3 孩子听不懂也张不开嘴

孩子一做听力训练就小动作不断，妈妈见状就提醒他："用心点，仔细听！"答题时，孩子总是把答案改来改去，一看就是不会做。练习口语时，孩子把脸憋得通红，但就是张不开嘴。妈妈调侃道："你平时不是挺能说的吗？怎么现在张不开嘴了？"

这是"聋子英语"和"哑巴英语"的典型表现。在学语文时就不会出现这类问题，因为孩子处于汉语的环境中，每天都在听汉语和说汉语，不需要刻意学习就能具备汉语的听说能力。但是，在学英语时，大部分孩子都没有对应的语言环境。只有在英语课堂上和写作业时才有机会听、说英语。这短暂的一两个小时是远远不够的，我们需要刻意地培养孩子的英语听说能力。

培养孩子辨识声音的听觉记忆

我们之所以能够听懂某门语言，是因为我们大脑中有对应的记忆。当耳朵听到某个声音后，会将声音信息传递到大脑。大脑对信息进行解码，并将之与已经掌握的声音记忆进行对比，分辨出其可能代表的词语以及相应的含义。如果大脑中不存在与之对应的记忆，我们就无法理解它的意思。

所以，要想让孩子听懂英语，就要先培养其听觉记忆。首先，要让孩子进行大量的音标听力练习，使其能够正确识别出不同的音标。其次，要让孩子进行单词听力练习，让孩子能够将一连串的发音分解为单独的音标，并掌握发音和单词的对应关系。最后，对孩子进行短语或短句训练，使其能够通过上下文推断出句子的含义。在训练的时候要让孩子同步知道声音所对应的内容，使其能够将声音与英语原文建立联系，因为不知道听力内容的“磨耳朵”就是在做无用功。

培养孩子说话的肌肉记忆

当我们想要说话时，大脑会根据我们想说的词语搜索对应的声音记忆，然后再调动对应的运动控制脑区，通过口、舌和喉咙发音。所以我们不需要刻意控制就能将想说的话说出来。这是因为控制口、舌头和喉咙的动作经过练习已经形成了肌肉记忆，保存在大脑的运动控制脑区。

所以，要想让孩子能够流利地用英语表达，就要培养其对应的肌肉记忆。首先，要让孩子练习音标发音，使其能够下意识地进行各种发音。其次，要让孩子练习拼读，也就是将不同的音标组合起来发音（尤其是对常用单词的发音）。最后，要让孩子大量朗读长短句子，使其掌握各种组合发音规则，如连读、弱读、不完全爆破等。

无论是训练听觉记忆还是肌肉记忆，都要让孩子明确地知道自己练习的内容是什么，以便其建立明确的记忆对应关系，提高学习效率。

7.3
数学可以这样学

数学是一门更偏重逻辑思维能力和抽象能力的学科，数学作业中的记忆类问题并不多，而是以逻辑思维类的问题为主。本节将详细分析几类数学作业中常见的问题。

7.3.1 孩子总是读不懂题目

萱萱的数学成绩一直不好，答题的时候总偏题，这次又被老师点名了。妈妈拿到萱萱的数学卷子后，仔细看了一下，马上就被萱萱的解题思路震惊了。

下面是大队委员竞选投票的结果：

姓 名	李丹	张磊	王坤	合计
票 数	207	?	197	692

谁能当选大队委员？

萱萱答案竟然是：“合计”。老师给她打了一个大大的叉。妈妈指着题目训道：“你这也太不认真了！”萱萱眼圈儿一红，带着哭腔回答：“你和老师一样，都骗人。‘合计’的票数最多，凭啥他不能当大队委员？”

妈妈哭笑不得：“‘合计’不是一个人。”萱萱听了，不服气地辩解：“凭啥‘合计’不是一个人？第一行写的都是姓名，第二行都是票数。”妈妈这才明白了萱萱的解答思路，只能耐住性子解释“合计”的意思。听完解释，萱萱马上找到了正确答案。

所以，萱萱并不是不会计算，而是读不懂题目。心理学研究发现，低年级的学生在做数学题目时出错的原因大多不是没有对应的数学知识，而是无法正确理解题目所表达的意思。

对于这种情况，我们可以从以下几个层面进行解决。

（1）词汇层。结合句意正确理解题目中的每个词语和符号。例如，投票结果的第二行第三列的问号表示的是数据未知，而不是没参与。

（2）文本库层。将句子连起来，理解这个片段表达的主题是什么。例如，“谁能当选大队委”中的“谁”指的应该是表格中出现的某个人。

（3）情境模型层。将多个片段的主题串联起来，并结合已有的知识对题目进行重新解读。例如，投票结果的最后一列是“合计”，根据过往的经验，我们就知道“合计”并不是一个具体的人，它指的是前面几个人的票数总和。并且，692 明显大于 207 和 197 的和，这也从侧面印证了我们的判断。

所以，做数学题的先决条件是能够正确地理解题目。如果连题目都读不懂，自然也就做不对题了。我们可以从以下几个层面培养孩子的读题能力。

让孩子把题目读出来

孩子的听说能力发展通常先于阅读能力，因此他们往往在听说方面表现得更为优秀。家长可以让孩子把题目念出来，听的过程可以让孩子充分理解题目的意思，找出题目考查的重点。同时，家长也可以借此了解孩子对哪些词汇感到陌生。

让孩子解释题目

我们可以鼓励孩子扮演小老师的角色，用自己的语言说出题目的大致意思。小老师的身份会让孩子有一种责任感，这种责任感会促使孩子积极思考，尝试用自己已有的知识解释题目中的每个元素。通过孩子的讲述，家长就能分辨出孩子对每个词语的理解是否恰当。

将题目具象化

低年级孩子的抽象理解能力比较弱，无法理解各种数学运算的意义，家长可以将抽象的概念转换为具体的实物帮助孩子理解。例如：

小王和小李总共有 21 个橘子，其中，小王的橘子比小李多 3 个，问双方各有多少个橘子？对于这样的题目，家长可以和孩子进行角色扮演。家长扮演小王，孩子扮演小李，然后拿出一些棋子当作橘子。这样，抽象的数学题目就变成了具体的数棋子游戏了。

只要这样扮演几次，孩子就能理解“差多少”这样的抽象表达了，下次遇到类似的题目也就能够顺利作答了。

引导孩子注意题目细节

数学题目的用词都是非常严谨的，一字之差就可能导致整个题目的意思发生巨大变化。例如，“A 是 B 的 3 倍”和“A 比 B 大 3 倍”所表达的意思是完全不同的。有时候，我们会把这些题目戏称为“数学中的阅读理解题”。当数学题目非常长时，孩子就很容易忽视这些细节，从而导致理解上的错误。所以，读题的时候一定要注意细节。

7.3.2　孩子不愿意做计算题

小宝的计算能力一直比较弱，遇到计算题总是拖延。实在拖不下去了，才硬着头皮去做。有一天，妈妈惊讶地发现，小宝在用手机里的计算器解题，于是就批评小宝：“你怎么能偷懒呢？”小宝不服气地反驳道：“我能做出来就行了，反正以后有手机。”妈妈更生气了，直接罚小宝再做 50 道计算题。

很多孩子都不愿意做数学题，尤其是计算题。这种题目往往形式单一，解题步骤也大致相同。这会让孩子感到非常枯燥，毫无乐趣可言，并且做这种题目还容易出错。家长发现错误后往往会责罚孩子，这将加剧他们的挫败感。

如果孩子不愿意做计算题，家长可以从以下几个方面帮助孩子。

允许孩子犯错

很多时候，家长看到孩子计算题出错了就觉得“天都要塌下来了”，觉得这么简单的题目都能做错，要么是孩子太差劲，要么是他态度不认真。无论是哪种原因，家长都难以接受。这导致他们容易反应过度，会因为计算错误而惩罚孩子再做几十道题目。

这种惩罚性措施所造成的后果往往不尽如人意，会导致孩子畏惧甚至厌恶计算题。正确的态度是允许孩子犯错。孩子在简单的题目上出错后也会感到自责，这个时候，家长只要引导孩子找到出错的原因并纠正错误即可。

让练习变得多样化

单一的练习方式很容易让孩子感到枯燥，所以家长应该尽可能地让练习变得多样化。我们可以让孩子将作业分批次完成。举例来说，家长可以让孩子先做一半计算题，然后去做其他科目的作业，之后再做剩下的一半。另外，家长也可以和孩子以做游戏的形式完成计算题作业，例如家长做一半题目，让孩子做另一半，看谁做得又快又好。为了验证家长做的题目对不对，孩子也会将另一半题目计算一遍。

如果家长打算布置一些额外的计算作业给孩子，可以选择一些应用型的作业，如计算家庭收入、外出购物等。与日常生活相结合的计算往往比单纯的数字计算更有趣一些。

引导孩子多观察多总结

大量练习计算题是为了培养孩子的数感。数感是一种对数值变化的直觉。我们可以引导孩子主动观察并进行总结。例如，12 乘以 25 的结果为 300。那么，为什么结果中会包含两个零呢？在什么情况下，结果中会只有一个零？主动思考和总结可以更快速地培养数感，从而减少刷题量。

以上这三个方法不仅适用于孩子不想做计算题的情况，也适用于孩子不想做其他类型的数学题的情况。

7.3.3 孩子解决不了复杂题

题目稍微复杂一些，小宝就解决不了了。以下面这道题为例：将一个正方形分割为四个长方形。已知这四个长方形的面积分别是 $42cm^2$、$28cm^2$、$12cm^2$、$18cm^2$，求图中 x 的长度。妈妈看了一会儿，觉得这个题目不难啊，只是解题步骤多了一点。妈妈觉得小宝做不出来就是因为他不愿意动脑子，因为妈妈稍微一讲解，小宝就明白了。

难道真的是因为小宝不愿意动脑子吗？

将正方形分割为四个长方形

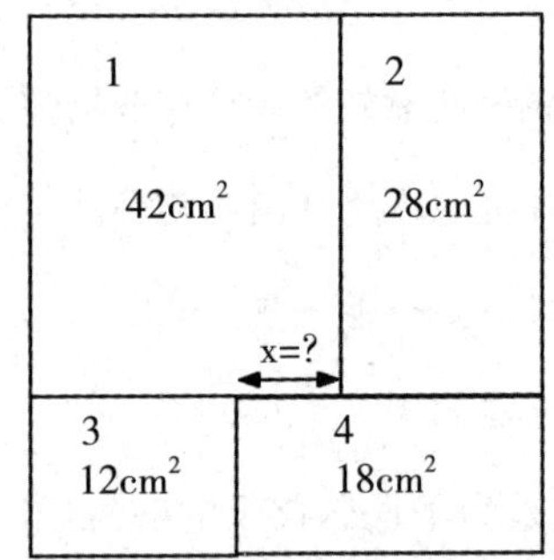

在学习数学的过程中，孩子经常会遇到一些复杂题。这些题目考查的知识点通常较少，但求解步骤比较多。很多孩子遇到这些题时都会在脑子里思考大半天，如果想不出来解题思路，就会直接放弃。所以，孩子并不是没有动脑子，而是题目的复杂度超出孩子大脑的思考极限了。

我们的大脑很强大，但推理能力却需要一步步开发。很多时候，我们可以轻松地从 A 推导出 B，从 B 推导出 C，但是再往下推导，大脑就开始乱了。这个时候，就需要借助图形来梳理我们的思考过程。针对小宝遇到的题目，我们可以按照以下方式进行思考。为了便于表述，我们给图中的四个长方形进行编号。按照从左到右、从上到下的顺序依次编为长方形 1、长方形 2、长方形 3、长方形 4。

（1）因为 x 是长方形 4 和长方形 2 相邻的边的长度差，所以我们要先求长方形 4 和长方形 2 的相邻的边的长度。

（2）长方形 4 的长等于它的面积除以它的宽。因为它的面积已知，所以我们要先求长方形 4 的宽。

（3）长方形 4 的宽同时也是长方形 3 和长方形 4 所组成的大长方形的宽，这个宽等于大长方形的面积除以大长方形的长。因为大长方形的面积已知，所以我们要先求大长方形的长。

（4）大长方形的长也是正方形的边长。因为正方形的面积已知，所以我们可以直接求出正方形的边长。

（5）逆推步骤（4）、（3）、（2），我们就得到了长方形 4 的长。

（6）同理，我们也能得到长方形 2 的宽。

（7）我们用长方形 4 的长减去长方形 2 的宽就得到了 x 的值。

这个描述非常长，如果用一个思维导图来表示，孩子就可以轻松理解。

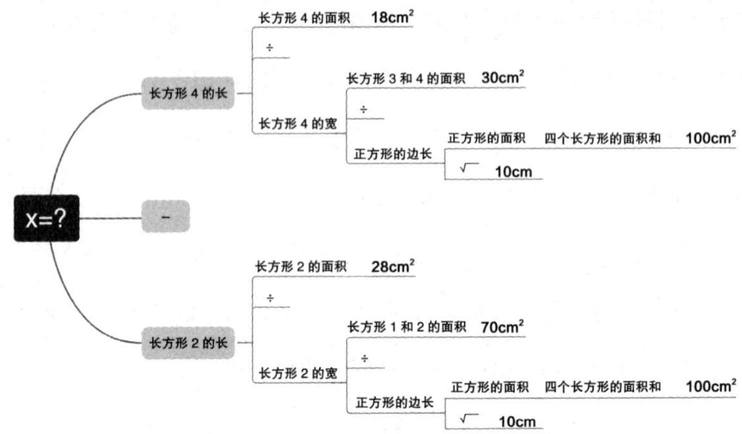

在图中，“x=？”为思维导图的根。从这个根扩展出三个分支，分别是“长方形 4 的长”“–”和“长方形 2 的宽”。其中，“长方形 4 的长”和“长方形 2 的宽”这两个分支是未知的，需要我们进行推导；“–”分支所表示的运算是确定的，不用进行推导，所以没有子分支。我们一级一级地推导，直到结果是已知的（如各个长方形的面积值）。当所有的最终分支都已知后，我们把这些已知值代入进去，再逐步逆推，就能得到根对应的答案。

所以，有了图形的辅助，我们就能突破大脑的限制，无限地在纸上推导，直到一切变成已知，进而解决各种复杂题。

7.3.4 孩子解决不了图形题

下面钉板中的多边形的面积是（　　）平方厘米。如果在这个钉板中围出一个新的多边形，要求内部有 3 颗钉子，边上有 7 颗钉子。

那么，这个新的多边形的面积是（　　）平方厘米。

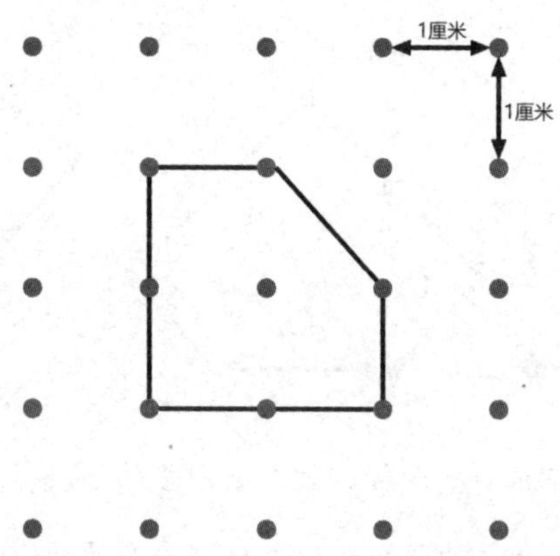

图形题是数学中常见的一种题目。这种题目往往没有太多文字性的解题步骤，需要孩子直接对图形下手。求解时需要在大脑中想象对应的图形，并进行各种变换，如移动某个部分、旋转特定的部分、增减部分图形。如果孩子的空间感比较差，就很难解出这种题目。这时，我们就需要借助各种外界手段来辅助思考。我们可以教孩子使用一些常见的解题技巧。

以多种方式进行观察

在学习过程中，孩子的观察角度往往是固定的。举例来说，课本上的长方形和正方形大都被摆放得整整齐齐，很少有斜着放的。这就导致孩子只对常见的角度比较敏感，换一个角度就不那么敏感了。在下图中，大部分孩子都可以轻松地发现左边的多边形是一个被切掉了一个角的正方形。但是，当我们把这个图形旋转一定的角度后，很多孩子就认不出来了。

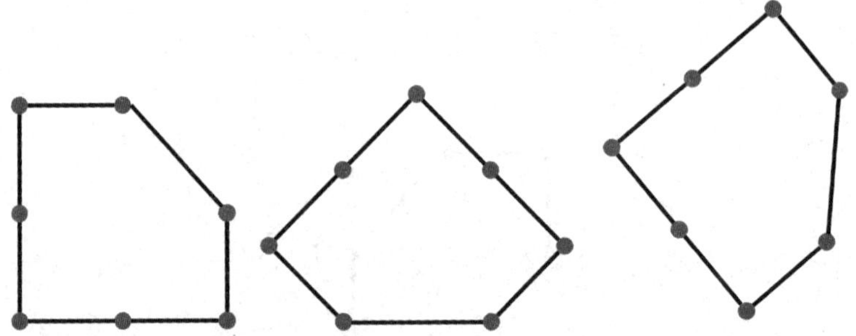

所以，在做图形题的时候，我们要鼓励孩子进行多角度观察。可以慢慢地旋转作业本，直到孩子找到自己最熟悉的角度。

另外，很多图形题都存在干扰内容，我们要让孩子学会抵抗这种干扰，只看局部的内容。例如，在本节开始的题目中，已有的多边形会干扰孩子对新的多边形的想象，在这种情况下，我们可以先遮挡住原有的多边形，接下来的思考就变得容易多了。

大胆动手尝试

如果需要思考的要素比较多，孩子就很难想象出对应的图形。在本节开始的题目中，新的多边形的边上有 7 颗钉子，内部有 3 颗钉子，我们很难想出来这 10 颗钉子的位置是怎样的。面对这种情形，我们可以鼓励孩子动手尝试一下。

我们可以让孩子先随意绘制 3 个点。考虑到空间问题，我们可以将这 3 个点围成一个最小的三角形，然后再基于这个三角形去思考外面的 7 个点。这样一来，思考的难度就降低了。接下来，我们让孩子继续尝试，找出一些必然存在的点（如斜边外侧的 3 个点）并将其连起来。以此为基础，很快就能找出剩下的 4 个点了。（如下图）

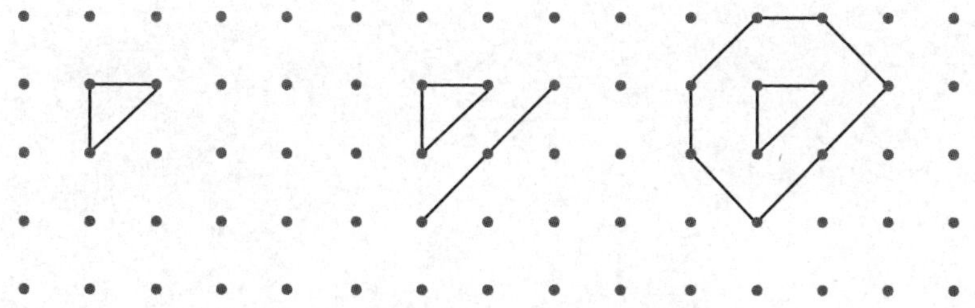

也有很多孩子不愿意动手尝试，主要有两个原因。第一，这样做可能会让页面变得不干净；第二，每次尝试都会留下一些痕迹，会让图形变得更乱，更不利于观察。面对这种情况，我们可以鼓励孩子在草稿纸上进行尝试。

利用已有的成果

在思考的过程中，孩子会进行多次尝试，形成不同的解题思路。如果一个思路不对，孩子会马上放弃它，换一个新的解题思路。很多时候，孩子会把原来的绘图擦掉或者覆盖掉，这就等于将先前的思考过程彻底放弃并从头开始，这就造成了对脑力的浪费。

因此，我们应该引导孩子保留所有的解题思路。当一个思路不可行时，先把它放在一边，然后再绘制一个新图，在新图上构思。如此往复，最后对绘制过的多个图进行对照，从中找出自己需要的部分，这能够提高解题效率。